从政之道

晓山 著

中共中央党校出版社

图书在版编目（CIP）数据

从政之道 / 晓山著 . -- 北京：中共中央党校出版社，2024.11

ISBN 978-7-5035-7688-1

Ⅰ.①从… Ⅱ.①晓… Ⅲ.①干部－修养－中国－学习参考资料 Ⅳ.① D630.3

中国国家版本馆 CIP 数据核字（2024）第 048443 号

从政之道

策划统筹	刘　君
责任编辑	王慧颖　孙亚军
装帧设计	一亩动漫
责任印制	陈梦楠
责任校对	马　晶
出版发行	中共中央党校出版社
地　　址	北京市海淀区长春桥路 6 号
电　　话	（010）68922815（总编室）　（010）68922233（发行部）
传　　真	（010）68922814
经　　销	全国新华书店
印　　刷	北京盛通印刷股份有限公司
开　　本	710 毫米 ×1000 毫米　1/16
字　　数	187 千字
印　　张	15
版　　次	2024 年 11 月第 1 版　2024 年 11 月第 1 次印刷
定　　价	55.00 元

微 信 ID：中共中央党校出版社　　邮　箱：zydxcbs2018@163.com

版权所有·侵权必究

如有印装质量问题，请与本社发行部联系调换

目 录

新时代领导工作刍议	/ 1
为政之道十二条	/ 19
新时代优秀领导干部之特质	/ 32
领导干部之基本	/ 46
新时代党员干部根本之道	/ 80
新时代的好干部是怎样造就的	/ 101
领导干部之修炼	/ 123
领导干部应当掌握的三十六种方法	/ 162
领导方法与艺术十三题	/ 192
领导方法负面清单二十项	/ 199
领导决策的六条建议	/ 216
掌握识人用人真本领	/ 219
抓落实应在八个方面下功夫	/ 223
基层工作五法	/ 227
后　记	/ 233

新时代领导工作刍议

领导工作是指对组织内全体成员的行为进行引导和施加影响的活动过程，其目的在于使组织成员能够自觉自愿、信心满怀地为实现组织的既定目标而努力。领导工作是一项特殊的工作、特殊的职业，具有战略性、系统性、综合性、前瞻性和表率性，所以对领导者的要求自然就比较高。进入新时代，面临新使命新情况新要求，领导干部必须成为一名"上知天文地理，下知鸡毛蒜皮"的"杂家"，知晓并熟练掌握哲学、政治学、经济学、管理学、历史学、社会学、心理学和现代自然科学等各方面的知识，并且要有较为丰富的工作经历和工作经验，要真正掌握领导工作的常识、特点和规律。只有这样，才能提高领导工作的科学性、预见性、主动性、创造性，才能真正履好职、尽好责。为此，笔者选取领导工作6个重要方面谈点认识。

一、政治工作

政治，"政"指的是正确的领导，是方向和主体；"治"指的是正确的管理，是手段和方法，"治"是围绕着"政"进行的。政治是非常具体的，不是抽象的、空洞的。不懂政治、不重视政治，没有政治站位，缺乏政治能力的领导是不合格的。政治工作又称为思想政治工作，就是关于宣传、贯彻党的方针政策，从政治高度解决经济工作和各种业务工作方向的工作。作为新时代的领导干部，政治站位一定要高，政治能力什么时候都是第一位能力，要多从政治角度观察问题，理直气壮讲政治是责任、本分；要切实加强政治建设，提高政治能力，坚守人民情怀；要不断提高自己的政治判断力、政治领悟力和政治执行力。做好政治工作，必须重点把握好以下6个方面的观点和思想。

1. 政治工作是一切工作的生命线。政治是灵魂、是统帅、是根本。政治问题是管根本、管全局、管方向的大问题，政治上不清醒，方向上就会有偏差，就容易犯颠覆性错误。做好新时代政治工作，必须坚持把政治工作放在一切工作的首位，想问题、作决策都应从政治角度来考量。

2. 方向正确，才会目标明确、任务清楚。方向决定前途，道路决定命运。政治方向是我们党生存发展第一位的战略问题，关系党的前途命运和事业兴衰成败。历史和现实反复证明，把握住正确的政治方向，党和人民的事业就能取得成功，否则，就会遭遇重大挫折。做好新时代政治工作，必须始终坚定理想信念，坚定党的基本理论、基本路线、基本方略，在思想上政治上行动上同以习近平同志为核心的党中央保持高度一致，确保党和国家各项事业始终沿着正确政治方向发展。

3. 坚持党对一切工作的领导。习近平总书记深刻指出："中国共产党领导是中国特色社会主义最本质的特征，是中国特色社会主义制度的最大优势，是党和国家的根本所在、命脉所在，是全国各族人民的利益所系、命运所系。"[①] 党政军民学，东西南北中，党是领

[①] 《习近平谈治国理政》第4卷，外文出版社2022年版，第8页。

导一切的。党的领导是全面的、系统的、整体的，无论在哪个领域、哪个方面、哪个环节缺失了弱化了，都会削弱党的力量，损害党和国家事业。做好新时代政治工作，必须坚持和完善党的领导，坚决服从和维护党的领导，提高党把方向、谋大局、定政策、促改革的能力和定力，确保党始终总揽全局、协调各方。

4. 把政治建设贯穿工作全过程各方面。党的政治建设决定党的建设方向和效果，不抓党的政治建设或背离党的政治建设指引的方向，党的其他建设就难以取得预期效果，党的先进性和纯洁性就无从谈起。大量事实表明，党内存在的各种问题，从根本上来看，都与政治建设软弱乏力、政治生活不严肃不健康有关。做好新时代政治工作，必须把党的政治建设作为基础性工程、生命工程来抓，坚持党的领导、人民当家作主、依法治国有机统一，把政治建设贯穿工作的各领域、各层级、各方面。

5. 不折不扣贯彻落实党中央的决策部署。事在四方，要在中央。党的任何组织和成员必须以实际行动维护党中央一锤定音、定于一尊的权威，必须服从党中央集中统一领导，在任何时候任何情况下都不能含糊、不能动摇。做好新时代政治工作，必须自觉把思想行动统一到党中央决策部署上来，坚决做到党中央提倡的坚决响应、党中央决定的坚决照办、党中央禁止的坚决不做，不讲条件、不打折扣、不搞变通，保证中央政令畅通。

6. 把干事创业成效作为检验"两个维护"的试金石。坚决维护习近平总书记党中央的核心、全党的核心地位，坚决维护党中央权威和集中统一领导是关系党、民族、国家前途命运的方向性、原则性问题，是我国革命、建设、改革的重要经验升华，是我们党的政治命脉、最高的政治原则、最根本的政治要求、最重要的政治纪律和政治规矩。只有党中央有权威，才能把全党、全国各族人民牢固凝聚起来，形成万众一心、无坚不摧的磅礴力量。做好新时代政治工作，必须带头把"两个维护"作为最根本的政治责任，在践行"两个维护"上旗帜鲜明、态度坚决、行动有力，把"两个维护"体现在干事创业全过程各方面。

二、意识形态工作

意识形态是系统地反映社会经济形态、政治制度和文化模式的思想体系。意识形态的重要功能，不仅体现在对政治、社会、文化、经济和外交等广泛而深入的影响，而且还表现在其具有动力、平衡、预测、调控、教育、引领、整合等功能。习近平总书记指出，"意识形态工作是党的一项极端重要的工作"[1]，"历史和现实反复证明，能否做好意识形态工作，事关党的前途命运，事关国家长治久安，事关民族凝聚力和向心力"[2]。在新的时代条件下，做好意识形态工作，必须坚持马克思主义在意识形态领域的指导地位，坚定文化自信，坚持以社会主义核心价值观为引领，加强社会主义精神文明建设，围绕举旗帜、聚民心、育新人、兴文化、展形象的使命任务，促进满足人民文化需求和增强人民精神力量相统一，不断提高国家文化软实力。新时代的领导干部做好意识形态工作，必须重点掌握好以下5个方面的观点和思想。

1. 一个政权的瓦解往往是从思想领域开始的。意识形态是国家利益的重要组成部分，意识形态安全是国家安全体系的有机组成部

---

[1] 《习近平著作选读》第1卷，人民出版社2023年版，第147页。
[2] 中共中央党史和文献研究院编：《习近平关于社会主义精神文明建设论述摘编》，中央文献出版社2022年版，第17页。

分，是文化安全的主要内容，并且会从根基上影响社会经济安全和政治安全。思想防线被攻破了，其他防线就很难守得住。一个政党、一个政权、一个民族的垮台、瓦解、堕落，无一不是首先从指导思想的混乱、丧失意识形态领导权开始的。做好新时代意识形态工作，必须充分认识意识形态工作的极端重要性，坚定"四个自信"，不断巩固全党全国人民团结奋斗的共同思想基础，牢牢掌握意识形态工作主动权。

2. 坚持围绕中心、服务大局，做好"两个巩固"。"围绕中心、服务大局"是意识形态工作的基本职责，巩固马克思主义在意识形态领域的指导地位、巩固全党全国人民团结奋斗的共同思想基础是意识形态工作的根本任务。习近平总书记强调，"面对改革发展稳定复杂局面和社会思想意识多元多样、媒体格局深刻变化，在集中精力进行经济建设的同时，一刻也不能放松和削弱意识形态工作"[①]。做好新时代意识形态工作，必须胸怀大局、把握大势、着眼大事，找准工作切入点和着力点，坚持巩固壮大主流思想舆论，弘扬主旋律，传播正能量，激发全社会团结奋进的强大力量。

3. 弘扬中国精神，讲好中国故事，传承中华优秀传统文化。人无精神不立，国无精神不强。精神的力量是无穷的。中国精神是实现中华民族伟大复兴中国梦必须弘扬的精神，是以爱国主义为核心的民族精神和以改革创新为核心的时代精神，是凝心聚力的兴国之魂、强国之魂。习近平总书记强调："弘扬中华文化，不仅自己要从中汲取精神力量，而且要积极推动中外文明交流互鉴，讲述好中国故事、传播好中国声音，促进中外民众相互了解和理解，为实现中

[①] 中共中央党史和文献研究院编：《习近平关于社会主义精神文明建设论述摘编》，中央文献出版社2022年版，第68页。

国梦营造良好环境。"[1]做好新时代意识形态工作，必须尊重新闻传播规律，打造新概念新范畴新表述，形成有中国特色、中国风格、中国气派的话语体系，创新方法手段，讲好中国故事，弘扬中国精神，不断提升文化传播力、引导力、影响力、公信力。

4. 必须做好意识形态领域长期斗争准备。我们党历来重视意识形态工作，这也是我们党的看家本领和政治优势。当前，我们在意识形态领域面临诸多挑战，能否做好意识形态工作是对党的一个现实考验。长远来看，我们党面临的"四大风险""四大考验"具有长期性、复杂性。做好新时代意识形态工作，必须看清新时代的新形势、新情况、新问题，及时掌握意识形态形势和动态，做好长期斗争准备，坚决防止各种敌对势力借机干扰和破坏，切实维护好意识形态安全。

5. 网上舆论有"红线"，必须营造风清气正的网络空间。互联网的迅猛发展，深刻改变着舆论生成方式和传播方式，给不同文化和价值观念交流交融交锋带来前所未有的影响，在给人们的生活带来便利的同时，也为很多错误思潮提供了发酵温床，互联网已经成为意识形态斗争的主战场。习近平总书记指出，要"加强网络内容建设，做强网上正面宣传，培育积极健康、向上向善的网络文化"[2]。做好新时代意识形态工作，必须坚持党管媒体原则，科学认识网络传播规律，从国家战略层面、社会综合治理层面加强顶层设计，确立党委、政府、企业、网民等多元主体的主体责任，构建良好网络秩序，唱响网上舆论主旋律，守住网上舆论主阵地。

---

[1]《习近平谈治国理政》第1卷，外文出版社2018年版，第64页。
[2]《习近平著作选读》第1卷，人民出版社2023年版，第473页。

三、群众工作

人民是历史的创造者,群众是真正的英雄。人民立场是中国共产党的根本政治立场,做好群众工作是领导干部的重要职责。我们党的最大政治优势是密切联系群众。习近平总书记指出:"人民是我们党执政的最大底气,是我们共和国的坚实根基,是我们强党兴国的根本所在。"[①] 群众工作是一切工作的基础,群众路线是我们党的生命线和根本工作路线,是党的优良传统和政治优势,党和人民始终是命运共同体、事业共同体、利益共同体。我们党的理论路线、方针政策和全部工作,只有顺民意、谋民利、得民心,才能得到人民群众的支持和拥护,才能永远立于不败之地。是否重视做群众工作,是否善于做群众工作,是衡量领导干部政治上是否合格、工作上是否称职、领导能力强不强的一个基本标准,要拜群众为师,但也不能做群众的"尾巴"。新时代的领导干部做好群众工作,必须重点掌握好以下6个方面的观点和思想。

1. 坚持以人民为中心的价值取向。坚持以人民为中心推进中国特色社会主义伟大事业,是马克思主义唯物史观的内在要求,是中国特色社会主义的根本特征和动力所在,也是我们党的根本政治立场和价值取向。中国共产党从成立之日起,就把坚持人民利益高于一切鲜明地写在自己的旗帜上,把全心全意为人民服务作为根本宗旨。做好新时代群众工作,必须不忘初心、牢记使命,站稳人民立场,坚持人民主体地位,始终把人民对美好生活的向往作为自己的

---

① 中共中央党史和文献研究院编:《十九大以来重要文献选编》(中),中央文献出版社2021年版,第110页。

奋斗目标。

2. 老百姓是天，老百姓是地，人民公仆身份不能变。国以民为本，社稷亦为民而立。党的干部是党的事业的骨干，是人民的公仆。干部一定要有百姓之心、平常之心，不管职务多高，与百姓在人格上都是平等的，不能讲特殊，不能耍威风。做好新时代群众工作，在任何时候任何情况下，与人民同呼吸共命运的立场不能变，全心全意为人民服务的宗旨不能忘，群众是真正英雄的历史唯物主义观点不能丢，始终坚持立党为公、执政为民，不断实现好、维护好、发展好最广大人民的根本利益。

3. 俯下身做群众的牛，站起来做群众的伞。俯下身做牛，为人民群众鞠躬尽瘁；站起来当伞，为人民群众遮风挡雨，这是领导干部的职责和使命，也是人民公仆服务人民应有的胸怀和境界。做好新时代群众工作，既要俯身为"牛"，忠诚为民犁出一片沃土；也要立身为"伞"，忠心为民擎起一片晴空；还要顺民心、尊民意、关民情，沉下身子、静下心来，察实情、出实招、干实事。

4. 政绩体现在人民向往中，功德树立于群众口碑中。"金杯银杯不如老百姓的口碑，金奖银奖不如老百姓的夸奖。"习近平总书记强调："时代是出卷人，我们是答卷人，人民是阅卷人。"[①] 党的执政水平和执政成效不是由自己说了算，人民拥护不拥护、赞成不赞成、高兴不高兴才是检验工作的标准和制定政策的依据。做好新时代群众工作，必须牢固树立正确政绩观，把政绩体现在人民的幸福里、把功德建于群众的口碑中、把誓言融入执政为民的行动中。

5. 从群众中来，到群众中去。心系群众鱼得水，脱离群众树断根。从群众中来、到群众中去，是辩证唯物主义认识论在群众工作

---

① 《习近平谈治国理政》第3卷，外文出版社2020年版，第70页。

中的实践运用，体现了实践和认识、感性和理性、个别和一般的辩证关系，是中国共产党长期群众工作经验的结晶，是党的政治立场和价值理念，也是根本领导方法、思想方法和工作方法。做好新时代群众工作，必须走好新时代群众路线，坚持问政于民、问需于民、问计于民，多进群众"门槛"，多坐群众"炕头"，多看网民"吐槽"，架起党心民心"连心桥"，让党的政策汇集民智民力、代表民心民意。

6. 组织群众、宣传群众、凝聚群众、服务群众。政之所兴在顺民心、政之所废在逆民心。我们党坚持一切依靠群众，通过组织群众、宣传群众、凝聚群众、服务群众，始终和人民群众站在一起，这是我们党战胜一切艰难险阻、经受住各种风险考验的最根本保证，过去是这样、现在是这样、将来也必须是这样。做好新时代群众工作，必须切实提高群众组织力，增强服务意识、转变服务作风、提高服务水平，像吸铁石一样把群众紧紧凝聚在一起，听党话、感党恩、跟党走。

四、经济工作

经济是价值的创造、转化与实现，人类经济活动就是创造、转化、实现价值。简单地说，经济就是人们生产、流通、分配、消费一切物质精神资料的总称。微观指一个家庭的财产管理，宏观指一个国家的国民经济。生产是经济活动的基础，消费是经济活动的终点。习近平总书记强调，"经济建设是党的中心工作""集中精力把经济建设搞上去、把人民生活搞上去"[1]。当今时代，是金融、市场、

---

[1] 《习近平著作选读》第 1 卷，人民出版社 2023 年版，第 147 页。

科技、产业发展与"互联网+"高度融合的时代。巩固中国作为世界第二大经济体的经济地位,是提升国家综合实力、国际影响力、人民群众获得感幸福感安全感的关键因素,抓经济发展不能有丝毫动摇。经济是第一要务。对各级领导干部来说,必须在坚持抓经济工作上下功夫,认真学习马克思主义政治经济学的重要内容,夯实抓经济工作的理论基础;把握经济社会发展的规律和走向,练好经济学的理论内功;不断提高贯彻落实习近平新时代中国特色社会主义思想,贯彻新发展理念、构建新发展格局的能力和水平,锤炼抓经济工作的过硬本领,努力成为经济工作的行家里手。新时代的领导干部做好经济工作,必须重点掌握好以下7个方面的观点和思想。

1. 发展是硬道理,必须坚持以经济建设为中心不动摇。发展是解决我国一切问题的基础和关键。习近平总书记强调:"发展是基础,经济不发展,一切都无从谈起。"[①]改革开放40多年的伟大实践证明,以经济建设为中心是兴国之要,经济工作是我们党治国理政的中心工作。中国特色社会主义进入新时代,我国社会主要矛盾已经转变为人民日益增长的美好生活需要和不平衡不充分的发展之间的矛盾,解决这一矛盾的唯一出路依然要靠发展。做好新时代经济工作,必须始终坚持以经济建设为中心,把发展作为党执政兴国的第一要务,始终把解放和发展生产力作为坚持和发展中国特色社会主义的根本任务,把握和用好我国发展的重要战略机遇期,聚精会神搞建设,一心一意谋发展。

2. 必须加强党对经济工作的领导。党对经济工作的集中统一领导是中国特色社会主义制度的最大优势,是实现经济社会持续健康发展的根本政治保证。当今世界正经历百年未有之大变局,我国发

[①] 《习近平著作选读》第1卷,人民出版社2023年版,第375页。

展面临的内外环境发生深刻复杂变化。越是形势严峻复杂，越是矛盾风险挑战增多，越要有坚强的领导核心来保证我国经济行稳致远、社会安定有序。做好新时代经济工作，必须加强党对经济社会发展的领导，要自觉向党中央看齐、向党的理论和路线方针政策看齐、向党中央决策部署看齐，严肃认真贯彻落实习近平总书记关于经济社会发展的重要指示批示和党中央各项决策部署，确保党中央关于经济社会发展的每项决策部署都得到全程无缝落实。

3. 新时代需要新发展，新发展需要新理念。理念是行动的先导，发展理念是否对头，从根本上决定着发展成效乃至成败。新发展理念不是凭空得来的，而是深刻总结国内外经济发展经验教训、深刻分析国内外发展大势的基础上提出来的，集中反映了我们党对我国经济发展规律的新认识。"十四五"时期将全面开启全面建设社会主义现代化国家新征程，我国发展进入新阶段，面临新的形势和任务，必须坚定不移贯彻新发展理念。做好新时代经济工作，必须把新发展理念贯穿于发展全过程和各领域，不断优化体制机制和政策环境，不断提高统筹贯彻新发展理念的能力和水平，着力构建现代化经济体系，推动经济发展实现质量变革、效率变革、动力变革。

4. 绿水青山就是金山银山。习近平总书记指出："绿水青山既是自然财富、生态财富，又是社会财富、经济财富。"[①] 良好生态本身蕴含着无穷的经济价值，能够源源不断创造综合效益，实现经济社会可持续发展。保护生态环境就是保护生产力，改善生态环境就是发展生产力，经济发展与生态环境保护相互促进、彼此提升。人不负青山，青山定不负人。做好新时代经济工作，必须牢固树立绿水青山就是金山银山的理念，深入实施可持续发展战略，完善生态文明

[①] 《习近平著作选读》第 2 卷，人民出版社 2023 年版，第 171 页。

领域统筹协调机制，构建生态文明体系，促进经济社会发展全面绿色转型，建设人与自然和谐共生的现代化，推动实现美丽中国建设目标。

5. 坚持稳中求进工作总基调。行稳方能致远。"稳"和"进"是对立统一关系，"稳"是"进"的前提和基础，"进"是"稳"的方向和保障，二者既相互制约、相互影响，又相辅相成、相得益彰。坚持稳中求进的工作总基调，既是对过去经济工作经验的深刻总结，更是对当前复杂多变的国际政治经济环境和国内经济运行情况作出的战略性研判，是治国理政的重要原则，必须长期坚持。做好新时代经济工作，必须贯彻落实好稳中求进工作总基调，把经济社会稳定放在优先位置，确保增长、就业、物价不出现大的波动，确保金融不出现区域性系统性风险，稳住经济基本盘，推进经济结构调整和深化改革开放，确保经济发展方式转变和创新驱动取得新成效。

6. 形成强大国内市场，构建新发展格局。改革开放以来特别是加入世贸组织以后，我国市场和资源"两头在外"的发展模式，对快速提升经济实力、改善人民生活发挥了重要作用。但是随着当前全球政治经济环境变化，传统国际循环明显弱化，必须把发展立足点放在国内，更多依靠国内市场实现经济发展。党的二十大报告提出，"把实施扩大内需战略同深化供给侧结构性改革有机结合起来"。这是党中央基于国内外发展环境变化和新时代新征程党的使命任务提出的重大战略部署，是与时俱进提高我国经济水平的战略选择，是把握发展主动权、夺取经济发展新胜利的关键一招。做好新时代经济工作，必须统筹国内国际两个大局，坚持扩大内需这个战略基点，不断深化供给侧结构性改革，加快构建以国内大循环为主体、国内国际双循环相互促进的新发展格局，把实现扩大内需战略同深化供给侧结构性改革有机结合起来，以创新驱动、高质量供给引领和创造新需求，促进国民经济良性循环，形成参与国际经济合作和竞争的新优势。

7. 必须坚持高质量发展。中国特色社会主义进入新时代，我国经济发展也进入了新时代，基本特征就是我国经济已由高速增长阶段转向高质量发展阶段。推动高质量发展，是遵循经济发展规律、保持经济持续健康发展的必然要求，是适应我国社会主要矛盾变化和全面建成小康社会、全面建设社会主义现代化国家的必然要求，是当前和今后一个时期确定发展思路、制定经济政策、实施宏观调控的根本要求。做好新时代经济工作，必须深刻把握新发展阶段，充分认识发展不平衡不充分问题，统筹发展安全两件大事，坚持新发展理念，切实转变发展方式，更加注重激活高质量发展的动力活力，催生高质量发展的新动能新优势，努力实现更高质量、更有效率、更加公平、更可持续、更为安全的发展。

五、社会建设工作

社会建设的过程就是通过社会政策和社会制度来维护和实现社会公平正义（包括教育、就业、收入分配、社会保障、医疗公平）的过程，可以让全体人民特别是让社会弱势群体共享社会发展的成果。加强社会建设既是中国特色社会主义"五位一体"总体布局的重要组成部分，也是社会和谐稳定的重要保证。做好新时代社会建设工作，必须坚持以人民为中心，坚持新发展理念，尽力而为、量力而行，健全基本公共服务体系，完善共建共治共享的社会治理制度，扎实推动共同富裕，不断满足人民群众对美好生活的向往，更好推动人的全面发展和社会全面进步。新时代的领导干部做好社会建设工作，必须重点掌握好以下6个方面的观点和思想。

1. 公平正义是社会发展的内在要求。公平正义是社会建设的核心价值取向,是平衡社会利益关系的根本尺度,而社会建设则是维护公平正义的重要手段。公平正义是社会主义和谐社会的首要价值、中国特色社会主义制度的鲜明特征,也是解决我国社会主要矛盾的题中应有之义。做好新时代社会建设工作,必须始终保持公平正义之心,践行社会公平之行,不仅要"做大蛋糕",而且要"分好蛋糕"。

2. 加强社会建设增进民生福祉。人的发展是社会发展的最高价值目标。习近平总书记指出,"增进民生福祉是发展的根本目的"[1],"让老百姓过上好日子是我们一切工作的出发点和落脚点"[2]。民生连着民心,民心关乎国运。人民是中国梦的创造者,也是享有者,增进民生福祉是我国发展的根本目的,是我们党立党为公、执政为民的本质要求。做好新时代社会建设工作,必须把满足人民对美好生活的向往作为奋斗目标,统筹做好就业、收入分配、教育、社会保障、医疗卫生、巩固脱贫等各方面工作,让群众看到变化、得到实惠、享受幸福。

3. 关注"衣食住行",关爱"生老病死",抓好"基本民生"。民生是人民幸福之基、社会和谐之本。民生稳,人心就稳,社会就稳。民生无小事,枝叶总关情,点滴见初心。保障和改善民生没有终点,只有连续不断的起点。做好新时代社会建设工作,必须高度重视民生问题,尽最大努力解决好群众操心事、烦心事、揪心事,不断提高社会建设水平,着力改善人民生活品质,让人民群众享有更好的教育、更稳定的收入、更满意的工作、更可靠的社会保障、

---

[1] 《习近平著作选读》第2卷,人民出版社2023年版,第19页。
[2] 习近平:《论坚持人民当家作主》,中央文献出版社2021年版,第224页。

更高水平的医疗卫生服务、更舒适的居住条件、更优美的环境。

4. 社会保障是民生安全网、社会稳定器。社会保障主要由社会保险、社会救济、社会福利、优抚安置等组成，体现的是人人为我、我为人人的文化价值，追求的是人民安全、社会安定的发展目标，是经济发展"推进器"、群众利益"托底盘"、社会安全"稳定器"。做好新时代社会建设工作，就是要坚守社会稳定底线，发挥社会政策的托底功能，切实保障群众基本生活需求，兜住民生保障底线，实现社会保障制度最广泛的覆盖，不断提高人民群众的安全感。

5. 加强和创新社会治理是社会建设的时代课题。社会治理是维护社会秩序、促进社会团结、激发社会活力、防范社会风险的工作，是社会建设的一项重大任务，也是国家治理的重要组成部分。坚持共建共治共享的社会治理制度，加强和创新社会治理，是实现国家治理体系和治理能力现代化的重要内容，还是推进国家治理体系和治理能力现代化的基础性工程。做好新时代社会建设工作，必须深刻认识我国社会主要矛盾变化带来的新特征新要求，深入研究社会治理规律，不断创新社会治理方式方法，加强系统治理、依法治理、综合治理、源头治理，把制度优势更好转化为国家治理效能，确保人民安居乐业、社会安定有序。

6. 不断提高社会治理社会化、法治化、智能化、专业化水平。增强社会治理整体性和协同性，提高预测预警预防各类风险能力，增强社会治理预见性、精准性、高效性。提高社会治理社会化、法治化、智能化、专业化水平是平安中国建设的必由之路。做好新时代社会建设工作，必须坚定不移走中国特色社会主义社会治理之路，推动形成一套科学完备、行之有效的社会治理法律体系，推动现代信息技术与社会治理深度融合，构建一套专业化社会治理体系，从而推动社会治理的科学、规范、有序发展。

六、国家安全工作

国家安全是国家生存发展的前提、人民幸福安康的基础、中国特色社会主义事业的重要保障。国家安全工作，是保卫我国人民民主专政的政权和社会主义制度，保障改革开放和社会主义现代化建设顺利进行的工作。站在"两个一百年"奋斗目标的历史交汇点，世界百年未有之大变局加速演进，国内改革发展稳定任务艰巨繁重。做好新时代国家安全工作，必须胸怀"两个大局"，牢固树立和认真贯彻总体国家安全观，勇担责任、勇于斗争，下好先手棋、打好主动仗，全力以赴做好维护国家安全各项工作，筑牢国家安全屏障，确保国家长治久安。作为新时代的领导干部，做好国家安全工作，必须重点掌握好以下 5 个方面的观点、思想和方法。

1. 国安才能国治，治国必先治安。国家安全是安邦定国的重要基石，维护国家安全是全国各族人民根本利益所在。习近平总书记指出："实现中华民族伟大复兴的中国梦，保证人民安居乐业，国家安全是头等大事。"[1] 世间万物，生命最宝贵；百业兴旺，安全最重要。做好新时代国家安全工作，一定要把捍卫国家安全放在重中之重的位置来考量，统筹好发展和安全两件大事，努力建久安之势、成长治之业。

2. 坚持总体国家安全观。总体国家安全观坚持国家利益至上，以人民安全为宗旨，以政治安全为根本，以经济安全为基础，以军事、文化、社会安全为保障，以促进国际安全为依托，统筹外部安

---

[1] 中共中央党史和文献研究院编：《习近平关于总体国家安全观论述摘编》，中央文献出版社 2018 年版，第 10 页。

全和内部安全、国土安全和国民安全、传统安全和非传统安全、自身安全和共同安全，完善国家安全制度体系，加强国家安全能力建设，坚决维护国家主权、安全、发展利益。总体国家安全观关键在"总体"，突出的是"大安全"理念，强调的是国家安全的全面性、系统性、相对性、协调性、可持续性。做好新时代国家安全工作，必须坚持党对国家安全工作的绝对领导，深入实施国家安全战略，防范和化解影响我国现代化建设进程的各种风险，筑牢国家安全屏障。

3. 没有网络安全就没有国家安全。当今世界，网络深刻影响着国家的政治、经济、文化、社会、军事等各领域安全，对国家主权、安全、发展利益提出新的挑战，已经成为最复杂、最现实、最严峻的非传统安全问题之一。习近平总书记强调，"在信息时代，网络安全对国家安全牵一发而动全身"①，"过不了互联网这一关，就过不了长期执政这一关"②。做好新时代国家安全工作，必须重视互联网、发展互联网、治理互联网，也要树牢网络安全观念，不断增强网络安全防御能力，让互联网这个"最大变量"变成"最大正能量"。

4. 既要警惕"黑天鹅"，又要防范"灰犀牛"。备豫不虞，为国常道。增强忧患意识，做到居安思危，始终是我们党治党治国坚持的一个重大原则。习近平总书记把"防范化解重大风险"作为新时代三大攻坚战之首，并要求干部"增强驾驭风险本领"。做好新时代国家安全工作，必须坚持底线思维，增强忧患意识，既要高度警惕极其罕见、出乎意料的"黑天鹅"，也要注重防范司空见惯、习以

---

① 中共中央党史和文献研究院编：《习近平关于总体国家安全观论述摘编》，中央文献出版社2018年版，第173页。

② 中共中央党史和文献研究院编：《习近平关于总体国家安全观论述摘编》，中央文献出版社2018年版，第120—121页。

为常的"灰犀牛",精准把握时度效,综合研判、统筹谋划、有力应对,不断提高应急处突的见识和胆识、预见性和主动性。

5. *把维护国家安全的战略主动权牢牢掌握在自己手中。* 当今时代,正经历百年未有之大变局,面对纷繁复杂的国际局势,国家安全工作不仅要维护好国际社会的安全环境,更要充分维护好我国内部的安全环境,国内政治优先。不论国际形势如何变幻,我们必须保持战略定力、坚定战略自信、保持历史耐心。做好新时代国家安全工作,坚持党对国家安全工作的领导,坚持以全球思维谋篇布局,坚持统筹发展和安全,坚持底线思维,坚持原则性和策略性相统一,把维护国家安全的战略主动权牢牢掌握在自己手中。

为政之道十二条

什么是"道"?"道"是做事的本源、规律、原理、境界和原则。俗话说"各有各的道"。任何事物都有"道",经商有"生财之道",企业有"经营之道",健康有"卫生之道",生活有"养生之道",做人有"处世之道"。从政为官也有"道",如果不懂、不信、不用其中之"道",就很难走稳、走远。从政为官应该懂哪些"道"?大道至简。以下12条供参考。

一、旗帜鲜明讲政治,不断增强政治意识、大局意识、核心意识、看齐意识

举什么旗、走什么路,是关系党的事业兴衰成败第一位的重大问题,是为政之道的第一标准。年轻干部政治经验、政治定力、政治能力等方面的历练相对不够,必须加强政治历练。旗帜问题至关重要,年轻干部必须坚定"四个自信"。举旗问题是一个方向问题,更是一个信仰问题,理想信念不坚定政治上就靠不住,这样的干部再有本事也要一票否决、坚决不用。事实一再表明,迷失了信仰,就会站错位置,就会犯颠覆性的错误。年轻干部,千万不要以为只要自己不贪污腐败就万事大吉、放松警惕。政治能力是第一能力,年轻干部必须树牢"四个意识"。政治标准是衡量领导干部的首要

标准，提高领导干部能力第一位的是提高政治能力。习近平总书记反复强调："培养选拔年轻干部，事关党的事业薪火相传，事关国家长治久安。"[1] 中国特色社会主义伟大旗帜能否始终高高飘扬，年轻干部不断提高政治能力特别重要，必须提高政治站位、政治觉悟，增强政治定力、政治担当，做政治上的明白人；必须通过政治历练这个必要途径，提高政治能力。政治能力最根本是牢固树立"四个意识"，始终同以习近平同志为核心的党中央保持高度一致，坚决维护党中央权威和集中统一领导。

二、老百姓是天，老百姓是地，自己永远是人民公仆的身份不能变

"为政之道，以顺民心为本，以厚民生为本，以安而不扰民为本。"习近平总书记强调："一个政党，一个政权，其前途和命运最终取决于人心向背。"[2] 这就要求我们，始终坚持人民至上的价值追求。人民群众才是最大的"靠山"。民心是最大的政治，中国共产党只有信仰人民才能领导人民，人民的信任和支持是我们最大的底气。现实中，有的领导干部习惯做"官老爷"，不会做公仆；拿着俸禄不干事、高高在上不管事、欺压老百姓干坏事。人民立场是中国共产党的根本政治立场。然而有些领导干部，不信仰人民，不依靠人民，反而去依附权贵，搞政治攀附，结党营私获取"政治资源"，最终走向了人民的对立面。民心向背关系党的生死存亡。郑板桥诗曰："衙

---

[1] 中共中央文献研究室编：《十八大以来重要文献选编》（上），中央文献出版社2014年版，第347页。

[2] 《习近平谈治国理政》第1卷，外文出版社2018年版，第15页。

斋卧听萧萧竹，疑是民间疾苦声；些小吾曹州县吏，一枝一叶总关情。"古之县吏尚且如此，我们共产党人更应始终把人民放在心中最高位置，与人民群众风雨同舟、生死与共。人民对美好生活的向往就是我们的奋斗目标。"治国有常，而利民为本。"中国是世界上最大的发展中国家的国情没有变。如何闯出一条跨越式发展路子来，让人民共享到发展成果，年轻干部肩上的责任很重。

三、职务就是责任，在岗一分钟、战斗六十秒，不偷懒不耍滑、尽心尽力、尽职尽责

"天地生人，有一人当有一人之业；人生在世，生一日当尽一日之勤。"人一生其实都是生活在责任之中，也是因为有了责任才让人变得坚强而勇敢。家长有赡养老人、照顾下一代的责任，孩子有刻苦学习、增强本领的责任。组织看干部就看其有没有担当精神。正确的世界观、权力观、事业观是干好工作的前提。世界观标举人生指南，权力观揭示权力本质，事业观蕴含工作取向。领导干部只有牢固树立正确的世界观、权力观和事业观，才能自觉做到知责、履责、尽责。领导干部能否用好权力，关键就在于权力观是否正确，要有"公器"不能"私用"的理念，把权力当责任，对党负责，对国家和人民负责。组织给了机会，一定要始终保持一种神圣的责任感、使命感和庄严感；一定要珍惜为党工作、为民奉献的机会。实干实绩最重要，说得漂亮不如干得漂亮。铁打的营盘流水的兵。人生难过一百年，而担任领导职务的时间更有限，千万不要以为还年轻，想着"再等等"，占着位置碌碌无为。无功就是过，平庸就是错。干部就得"干"字当头，不干，再好的规划也是空中楼阁，再美的蓝图也是废纸一张。风华正茂日，干事正当时。如期脱贫等不

来、全面小康等不来、跨越发展更等不来,干才有希望。每一个领导干部都要有"只争朝夕"的精神,倍加珍惜任职的时间,爱岗敬业、夙夜在公,不辜负组织、群众和同志的信任。信任一旦被破坏,要重新建立就非常困难。

四、与时俱进、顺势而为、遵循规律,按照辩证法办事

习近平总书记强调,"在推进改革中,要坚持正确的思想方法,坚持辩证法"[1]。这就要求我们,要把唯物辩证法作为最根本的思想方法和工作方法,坚持解放思想、开拓创新,紧跟时代步伐,把握大局大势,顺势而为。不破不立,创新先行。"苟日新,日日新,又日新。"党的干部更要与时俱进、孜孜以求,不断推陈出新。要有时不我待的紧迫感,打破不合时宜的条条框框,破除迷信经验、迷信本本、迷信权威的惯性思维,不断闯出新路子,创造新局面。不创新不行,创新慢了也不行,盲目创新更不行,不能为了出彩以"创新"之名故意搞"大动静"。创新不可能毕其功于一役,要坚持稳中求进。抢抓机遇,顺势而为。兵无常势,水无常形。做任何事情,都要善于把握形势,预判未来。什么是形势?形势就是当时当下所处的方位和基点。明者因时而变,知者随事而制。干事业谋发展要做到顺势而为、顺应事物发展的客观规律。当前,我们迎来了前所未有的发展机遇,领导干部必须学会审时度势,用发展的眼光把握新形势,认识规律、找准规律、运用规律,研究新情况,解决新问题,

---

[1] 中共中央文献研究室编:《习近平关于全面深化改革论述摘编》,中央文献出版社2014年版,第47页。

顺势而为，乘势而上。

五、养成学习的习惯、思考的习惯、研究的习惯、立即就做的习惯

习惯靠自然养成。有人提出"21天习惯养成法"，认为习惯养成分为三个阶段，其中15至21天才能形成比较稳定的习惯。可见，习惯的形成是一个循序渐进、不断反复的过程。领导干部一定要注意养成好的习惯，特别是学习、思考、研究和立即就做的习惯。学习学习再学习。学习是个好习惯。习近平同志曾有走30里取书的故事。如今我们不用走30里取书，但不能丢掉"30里取书"的求学精神。有人说，在农耕时代，一个人读几年书，就可以用一辈子；在工业经济时代，一个人读十几年书，才够用一辈子；到了知识经济时代，一个人必须学习一辈子，才能跟上时代的脚步。如果我们不自觉学习，就会本领恐慌，工作也就无法赢得主动。所以，领导干部必须提高学习能力。既要调查也要研究。调查研究是谋事之基、成事之道，领导干部要练好这项基本功。现在的领导干部，有调查不够的问题，也有研究不够的问题，而后一个问题可能更突出。解决这些问题，要坚持在研究状态下工作，时时处处事事以研究的心态去对待问题，以研究的目光去审视问题，使自己逐渐成为一名研究型、学者型领导干部。总结反思是前进的阶梯，大总结有大收获，小总结有小收获，不总结没收获。要把平时零碎、肤浅、表面的感性认识，总结上升为全面、系统、本质的理性认识，提高认识和运用客观规律的水平，使思想和行动紧贴客观实际。领导干部必须强化现在就做、马上就办的工作理念，凡事雷厉风行、日清月结，不因其易而轻视，不因其苦而放弃，不因其难而退缩，不因有功而骄

傲，也不因无过而自喜。

六、懂规矩讲规矩守规矩，知敬畏知进退，谨言慎行，善始善终

没有规矩，不成方圆。在我们党所有的纪律和规矩中，第一位是政治纪律和政治规矩。干部在纪律规矩上出问题，对党的危害不亚于腐败问题，甚至比腐败问题更严重。所以谁都不能拿政治纪律和政治规矩当儿戏。敬畏之心须臾不可忘却。敬畏，就是对自然的尊崇、对人民的爱戴、对组织的忠诚和对法纪的遵循。邓小平指出，共产党员要"一怕党，二怕群众"[1]。这里的"怕"就是敬畏。官有所畏，业才有所成。常怀敬畏之心，不会轻易浮躁，不会进退无度，不容易出格；没有敬畏，权力就不受约束，就会出现滥权、专权、弄权。这样最后是要栽大跟头的。要做到慎言、慎行、慎独，特别要把慎独作为从政为官的最高境界，时刻保持如履薄冰、如临深渊的心态，守得住清贫、耐得住寂寞。良好的开端是成功的一半，但善始善终才是真正的成功。从近几年落马的高官履历中可以发现，这些人开始都是勤勤恳恳、兢兢业业，但随着地位的提升和权力的扩大，面对权钱色的种种诱惑，丧失了慎终如初的自律能力，最终滑向了腐败堕落的深渊。如何做到善始善终，值得我们反思。行百里者半九十。不管是做人、做事还是做官，不仅要起好步，而且要行得稳，最后还要结好局。要保持力度、保持韧劲，越接近目标越要高标准严要求，不能因走得太远而偏离了方向、忘记了为什么出发。

---

[1] 《邓小平文选》第1卷，人民出版社1994年版，第271页。

七、能担当敢担当，智慧加勇气，永远在状态

敢于担当是我们党的优良传统，是衡量好干部的基本标准。习近平总书记强调："为了党和人民事业，我们的干部要敢想、敢做、敢当，做我们时代的劲草、真金。"①担当是一种政治品质，是干部的天职，体现着干部的能力和作风。有多大担当才能干多大事业。从政为官，是一种特殊的职业，在其位、谋其政、尽其责，天经地义，否则就是最大的失职，不但会受到道德谴责和良心拷问，也会受到党纪国法追究惩处。有了职务就要担当，不能只想当官不想担责，只想揽权不想担责，只想出彩不想出力，更不能搞不求有功、但求无过，不思进取、明哲保身的那一套，要拿出干劲，好好干事、踏实干事，把职业当事业，以最大热情投入到本职岗位。最好的担当就是智慧和勇气合二为一。担当要有智慧，不能有勇无谋；担当要有勇气，不能畏首畏尾。"逢山开路、遇水搭桥"，不仅需要勇气，更需要能力。领导干部需要锻造能担当的本领，要摒弃不愿担责、不敢超越的陈旧观念，做推动发展的"加速器"；要扎实苦干，真正做到平常时候看得出来、关键时刻站得出来、危急关头豁得出来。领导干部一定要在"跨越发展、争创一流，比学赶超、奋勇争先"活动中，学在前、走在前、干在前。敢于担当就要时刻在状态。习近平总书记曾强调："良好的精神状态，是做好一切工作的重要前提。"②当前，一些领导干部不敢为、不愿为、不会为的情况不同程度

---

① 《习近平著作选读》第 1 卷，人民出版社 2023 年版，第 134—135 页。
② 习近平：《干在实处　走在前列——推进浙江新发展的思考与实践》，中共中央党校出版社 2006 年版，第 398 页。

存在。"村看村，户看户，群众看干部。"人民群众殷切希望政治生态优起来，干部队伍强起来，发展好起来、快起来。一个干部，如果不在状态，怎么做好工作、怎么推动发展？组织上看一个干部不是看履历漂不漂亮，关键看在每个岗位上干了什么。不在状态的干部不能用，状态时有时无的干部也要不得。

八、眼界宽思路宽胸襟宽，方向明方法对，拎得清不折腾

不谋万世者，不足谋一时；不谋全局者，不足谋一域。眼界宽思路宽胸襟宽是领导干部的基本要求，站得高、看得远、抓得准、拎得清是领导干部的基本方法，也是领导干部基本素质和综合素质的体现。高度决定视野。要学会登高望远，提升两三个层次看问题。领导干部如果目光短浅，胸无全局，只盯着眼前一亩三分地，不仅会影响本地区本部门的发展，也不利于个人的全面发展。"不审天下之势，难应天下之务。"要立足全国，放眼世界，跳出本单位看本单位、跳出本地看本地，县里的工作放在全市、全省来看，市里、省里的工作放在全国来看。要树立正确的目标方向，不能仅凭一腔热情，盲干瞎干。思路决定出路。领导干部的思路正确与否，对一个地区、一个部门、一个单位的发展起着至关重要的作用。正确的思路，能打开思维的空间，破除封闭的思维定式，以小见大、由远及近看问题，多角度、全方位审视复杂多变的情况。思路宽广来自对现实情况的掌握，干事情有思路才能做到成竹在胸。要吃透"上情"把握"下情"，找准"上下左右结合点"，把中央大政方针、上级决策部署、指示精神与本地本部门实际有机结合起来，使作出的决策既符合上级要求，又切合本地实际。格局决定结局。要能容人之长，

面对比自己优秀的人要点赞支持而非妒忌打击；能容人之短，在维护原则的前提下对他人的短处有所包容；能容人之过，对待他人的过错要公正看待，得饶人处且饶人，不要将人"一棍子打死"。特别是要能容人之言，对于反对的声音，要听得进去；对于批评的话，有则改之、无则加勉；对于带刺的话甚至讽刺之词，要顾全大局，学会隐忍。

九、学会在不张扬中做大事，久久为功

干成事业是一个循序渐进、厚积薄发的过程，不可能一下子就做出惊人的业绩，领导干部在工作中更要谦虚低调，不浮躁、不张扬。低调是福，张扬是祸。低调行事，历来为中国传统文化所推崇。毛泽东在党的七届二中全会上告诫全党："务必使同志们继续地保持谦虚、谨慎、不骄、不躁的作风，务必使同志们继续地保持艰苦奋斗的作风。"满招损，谦受益。遗憾的是有的领导干部对谦虚低调却不以为然，太过张扬，太得意忘形，有的甚至飞扬跋扈，颐指气使。看似很威风、很有派头，其实已经埋下了毁灭的种子。低调是一种美德，领导干部必须不断加强自身修养，养成谦虚低调的性格特征，身居要职不显摆，有真本事不狂傲，取得成绩不炫耀，作出贡献不张扬，不忘乎所以、不盛气凌人，始终保持以平静、平和、平淡的形态。咬定青山，专心致志。有一种毛竹，最初几年几乎没有变化。但几年之后，它会在短短几个月内疯狂生长，很快超过其他竹木。之所以如此，是因为在前几年的时间里，毛竹都在扎根，在不断积蓄迸发的力量。扎稳根基是很多植物的生长规律，也是领导干部成长的规律。大凡成功者，无不是把根深扎实践的土壤中，汲取大地的营养，积蓄向上的力量。台上一分钟，台下十年功，量变到了一

定程度自然会发生质变，要注重"量变"的积累，积累知识、积累经验，积蓄力量、汲取营养。要做一名潜心静气、专心致志、埋头苦干、积极作为的实干家。领导干部特别要有"功成不必在我"的理念和境界，不贪一时之功、不图一时之名，拿出滴水穿石的韧劲，以钉钉子精神抓好本职工作。

十、不信不立，不诚不行，诚实无破绽

人无诚信不立，业无诚信不兴，国无诚信不强，社会无诚信不稳。事实证明，说一个谎言，就得编织更多的谎言来弥补。领导干部唯有坚持诚实守信，才能无懈可击，不出一点破绽。组织对讲信用的人、诚实的人委以重任，一般来说都出不了大的偏差。立信才能立威。表里如一、说到做到，这是诚信的本义，也是诚信的力量。"人而无信，不知其可也。"一个人在集体中有没有威望，良好的信誉是重要考量；一个领导在一个单位有没有威望，关键在于他是否公道正派、是否有一颗服务他人的心、是否真正能做到"一诺千金"。领导干部不诚信，则无法取信于民。只有诚实守信的领导干部才能为群众所拥护。洋洋千言不如躬行一事、遮遮掩掩不如坦诚相待，言必信、行必果，要以实际行动取信于民。至诚才能致远。至诚是儒家的最高思想境界。《中庸》有云："至诚无息。不息则久，久则征。征则悠远。"意思是，极端真诚是没有止息的，没有止息就会保持长久，保持长久就会显露出来，显露出来就会悠远。领导干部只有在诚实上做到极致，才能行稳致远。"诚者，天之道；思诚者，人之道也。"诚实是面明镜，能洞察出一个人表里不一致的地方。诚实，就是要忠于事物的本来面貌，不虚伪，为人处世坦荡荡，做人、做官、做事不欺骗党和国家，不欺骗群众，也不欺骗自己的良心。

不诚实、不老实的干部，再怎么伪装都不可能天衣无缝、不露马脚的，终究走不远、走不下去。那些大大小小的落马贪官，他们言行不一、口是心非、当面一套、背后一套，搞一些虚假政绩，最后只能走上与党和人民相背离的不归路。每一个领导干部都应以"做老实人"为荣，把"说老实话、办老实事"作为底线来坚守、作为党性来锤炼、作为境界来追求。

十一、不妄为不贰过，不卑不亢不避事，自我革命不停息

"胜人者力，自胜者强。"改革创新的时代，需要面对的环境形势越来越多样、越来越复杂，党的干部要正确认识自己、改造自己、提高自己，始终保持一股谦虚谨慎、积极向上的精神，既不狂妄自大，也不妄自菲薄。有权不能任性。"大道至简，有权不可任性。"任何人都没有法律之外的绝对权力。现在一些干部手中有了一点权力，行为做事就无法无天，想怎样就怎样；有的人认为权力是领导给的，不是组织和人民赋予的，不怕群众不满意，只怕领导不注意。这些就是权力任性的表现。出现这种情况表面上看起来是因为自我膨胀、目中无人，根本还是权力观出了问题。党性和人民性是统一的，对事对人都得一个样。"对事"要依法依规，严守党纪和法律，坚持原则，公正办事，不怕事、不避事，推动一个地方、一个领域发展，为群众谋利益、谋福祉。"对人"不能区分待之，不能在上级面前"奴才"样，在下属、群众面前"老虎"样。要知道，任何人都是有人格、有尊严的，都需要尊重。干部不是谁的家臣，是组织的干部。在不断地磨炼中完善自己。自我革命精神是我们党的独特政治优势和鲜明执政品格。党是这样，每个领导干部也应当这样，及时革除

不合时宜的落后思想观念、工作作风、工作方法。自我革新,必须善于自我认知,对自己是什么样的人、能力有多强、能干多大的事、到底有几斤几两,要有清醒正确的认识,不能只看到优势长处,看不到缺点问题。必须自觉加强修炼。做人做事第一位的是崇德修身、自我修炼,对于共产党人来说,就是党性修养和党性锻炼。领导干部最重要的就是要按照习近平总书记提出的"信念坚定、为民服务、勤政务实、敢于担当、清正廉洁"20字标准进行修炼、加强磨砺。

十二、为人应厚道,为子尽孝道,为官走正道

习近平总书记强调:"老老实实做人,踏踏实实干事,清清白白为官。"[1] 这蕴涵了"为人应厚道,为子尽孝道,为官走正道"的中华传统理念,也就是领导干部需要常修的修身齐家之道、为官从政之道。做官一阵子,做人一辈子。做人与做官是辩证统一的,所谓"修身齐家治国平天下",说的就是做人与做官的内在联系。做人是做官的前提,好人不一定是好官,但好官必须首先是好人,是厚道的人。习近平总书记曾讲过:"领导干部也是一个普通的人,也是一个普通的百姓,要会做人,做好人,注意自己的言行举止,珍惜自己的人格魅力,洁身自好,做一个有高尚品德的人。"[2] 人格魅力是聚集人脉的"吸铁石",是获得机会的"资格证"。一个有高尚人格的人,做朋友可交、为长辈可敬、当领导可从、居下属可用。对于党员干部来说,人格高尚最重要的一条就是要对党忠诚、对事业虔诚、对同志真诚,靠正直厚道赢得组织、领导和群众的信任。百善孝为

---

[1]《习近平著作选读》第1卷,人民出版社2023年版,第135页。
[2] 习近平:《之江新语》,浙江人民出版社2007年版,第258页。

先，家风需挺前。孝道是中华民族的传统家风。我们党历来高度重视从中华民族传统文化中汲取营养，为治国理政提供有益借鉴。一方面，国风之本在家风。领导干部的家风，不仅是一身之进退、一家之荣辱，更关系到党风、政风、国风。家风坏，误国害民，那是最大的不孝。另一方面，家风坏是腐败之因。家风好，就能家道兴盛、和顺美满；家风差，难免殃及子孙、贻害社会。党员干部必须把家风建设挺在前面，廉洁修身、廉洁齐家，严格要求配偶、子女和身边工作人员。"人间正道是沧桑。"清正廉洁、光明磊落、不搞歪门邪道，不搞"潜规则""关系学"，就是从政为官的正道。黄埔军校门口有一副孙中山先生题写的对联："升官发财请往他处，贪生怕死勿入斯门。"当官就不要发财，发财就不要当官。领导干部要站得住、立得稳、走得远，就必须过好"三关"：防微杜渐，过好"诱惑关"，时刻保持清醒头脑，自觉远离和抵制各种诱惑，始终保持拒腐蚀、永不沾的政治本色；洁身自好，过好"自律关"，自觉做到"吾日三省吾身"，经常扪心自问，自检自省、自我约束；从善如流，过好"监督关"，敢于接受组织、干部和群众的监督。

新时代优秀领导干部之特质

特质是指一种可表现于许多环境的、相对持久的、一致而稳定的思想、情感和动作的特点。领导干部的岗位性质、职责特点决定了其特质，这种特质包括内在素质、性格特质、气质气场、人格魅力等。当干部，就要有气场，有大家认可的影响力。当前，我国发展仍然处于重要战略机遇期，面临着世界百年未有之大变局，党中央要求全党要深刻认识我国社会主要矛盾变化带来的新特征新要求，深刻认识错综复杂的国际环境带来的新矛盾新挑战。很显然，形势与任务对领导干部的要求越来越高。领导干部理当努力成为优秀干部，然而，要做一名新时代的优秀干部，除了必须具备一般干部所要求的共性特征外，还应当具备以下10个方面的突出特质。

一、要做到"有理想"，信念坚定对党忠诚

古往今来，凡是有所作为的人，无不具有崇高的理想；凡是守志坚决之人，皆能为固守信念而视死如归。理想信念就是共产党人精神上的"钙"，没有理想信念，理想信念不坚定，精神上就会"缺钙"，就会得"软骨病"，就会在风雨面前东摇西摆。革命理想高于天。对马克思主义的信仰，对共产主义和社会主义的信念，对党和人民的绝对忠诚，是我们党无往不胜的核心密钥，是中国共产党人

矢志不渝的终身追求。理想因其远大而为理想，信念因其执着而为信念，忠诚因其可靠而为忠诚。为理想活着，生命才更有意义；为理想信念而执着奋斗，人生才更加精彩。坚定的理想信念，是中国共产党人的政治灵魂和安身立命之本，也是我们党的独特政治优势。忠诚是中国共产党人必须具备的首位政治品格。理想信念的价值在于坚定不移、脚踏实地，对党忠诚的价值在于绝对、彻底和无条件。信念坚定不能三心二意，要全心全意、实心实意。只有理想信念坚定，才能用行动诠释信仰，做到虔诚而执着、至信而深厚，才能有一往无前、矢志不移的精神动力，才能有脱颖而出、铸就不平凡的精神伟力。行动是对理想最高贵的表达，行动是对忠诚最真实的见证。苏格拉底曾说："世界上最快乐的事，莫过于为理想而奋斗。"马克思认为"一步实际行动比一打纲领更重要"。大道至简，实干为要；空谈误国，实干兴邦。光有理想不去行动，一切理想都是空想。原地徘徊一千步，抵不上向前迈出第一步；心中想过无数次，不如撸起袖子干一次。做一名新时代的优秀领导干部，既要以理想信念"立身"，又要以实干精神"力行"，自觉把理想信念转化为行动力量，用理想之光照亮奋斗之路，用信仰之力开创美好未来；既要在思想上做到对党绝对忠诚，又必须把对党忠诚落实到具体工作中、体现到具体行动上，真正用实际行动诠释忠诚本色，不断增强"四个意识"、坚定"四个自信"、做到"两个维护"。

二、要做到"有格局"，战略全局时刻在心

格局是一个人的人格、品格、胸襟、胆识等因素的内在综合。格局大小反映一个人所思所想、所行所止的站位高低、眼界宽窄、胸怀大小。心有多大，舞台就有多大。曾国藩曾说"谋大事者首重

格局"。格局决定结局。格局蕴藏于内心，融入于精神，虽然看不见、摸不着，但却决定着一个人能走多远路、能干多大事。唯有大格局才能匹配大志向，唯有大格局才能承载大梦想，唯有大格局才能书写人生华章。不谋全局者，不足谋一域。有大格局，才有全局观念、大局意识、战略思维。习近平总书记指出，"领导干部要胸怀两个大局，一个是中华民族伟大复兴的战略全局，一个是世界百年未有之大变局，这是我们谋划工作的基本出发点"[1]。国之大者必心中有数。"国之大者"，是国家面临的大局、所处的大势、发生的大事，关乎党和人民事业的全局、长远和根本。习近平总书记强调："要自觉讲政治，对国之大者要心中有数，关注党中央在关心什么、强调什么，深刻领会什么是党和国家最重要的利益、什么是最需要坚定维护的立场。"[2] 做一名新时代的优秀领导干部，必须拥有世界眼光和战略思维，始终站在时代前沿和战略高度，深刻理解把握好一系列关系党和国家根本利益的大局大势，自觉高出两三个层次想问题、看问题、解决问题，必须不断克服狭隘的经验主义、事务主义、地方主义倾向，以海纳百川的胸襟不断提振干事创业精气神、凝聚担当作为正能量，实现党和人民事业新跨越。

三、要做到"有境界"，牺牲小我成就大我

境界是人们在修养、学识和道德上所能达到的高度和水平，有什么样的人生境界，就拥有什么样的人生目标和行动追求。一个自觉把自己命运与国家、民族的命运联系在一起，在任何情况下都能以国

---

[1] 《习近平谈治国理政》第3卷，外文出版社2020年版，第77页。
[2] 《习近平谈治国理政》第4卷，外文出版社2022年版，第39页。

为重、心系群众、舍私为公的人，才算得上真正有境界的人，生命才会有价值、有意义。当官是个苦差事，吃不得苦的人就不要当官。习近平总书记指出："无论时代如何发展，我们都要锻造舍生忘死、向死而生的民族血性。"[①] 这是我们党成就丰功伟业的精神境界，也是每一个中华儿女不懈追求的人生境界。有境界自成高格。王国维认为"词以境界为最上，有境界则自成高格"。做人也是如此。境界是一个人在精神方面的高度，集中反映生命的品质和价值。无论能力大小，只要具有较高的境界，才能够走出自我、超越自我，做一个高尚的人、一个纯粹的人、一个有道德的人、一个脱离了低级趣味的人、一个有益于人民的人。功成不必在我，功成必定有我。领导干部要正确处理好长远利益和眼前利益、国家利益和集体利益与个人利益之间的关系，既要潜心静气、专心致志、埋头苦干做好任职期间的事，也要多做打基础、管根本、利长远的事。我将无我，不负人民。"我将无我"体现的是一种大境界，"不负人民"体现的是对组织和人民的感恩、对工作和事业的高度负责。领导干部如果缺乏奉献精神，把做官当成一种享受、一种炫耀资本，就会走入歧途。习近平总书记曾深情地说道："这么大一个国家，责任非常重、工作非常艰巨。我将无我，不负人民。我愿意做到一个'无我'的状态，为中国的发展奉献自己。"[②] 做一名新时代的优秀领导干部，必须时刻铭记"对党忠诚，积极工作，为共产主义奋斗终身，随时准备为党和人民牺牲一切"的入党誓词，不断加强党性修养，主动摒弃"小我"的个人至上，积极融入"大我"的为民福祉，并最终达到"无我"的高尚境界，用"我将无我"的境界，创造"不负人民"的业绩。

[①]《习近平谈治国理政》第 4 卷，外文出版社 2022 年版，第 75 页。
[②]《习近平著作选读》第 2 卷，人民出版社 2023 年版，第 250 页。

四、要做到"有情怀"，全心全意为人民服务

情怀是一种独特而深厚的感情，是对美好事物的憧憬和向往，充满爱与被爱，充满奉献友善的扶助精神，是基于同情之上的一种人类相惜、和善共处的大精神。拥有大情怀者，总能在不断做事中获得人生的满足感，进而获得自身的大圆满。我们的根基在人民、血脉在人民、力量在人民，权力和职务都来自人民，必须始终以人民为中心，不断厚植人民情怀。情至深，则行之切。人非草木，孰能无情？人有了情怀，精神就有了归属，身心更健康愉悦、工作更积极进取，生命也会更有意义；反之，生活就会缺少热情，生命就会失去方向、找不到价值，终究成不了任何事情。唯有积极向上向善的情怀，才能摒弃私心杂念、激活工作动力，无畏无惧勇往直前、披荆斩棘。一枝一叶总关情，一言一行见初心。乐民之乐者，民亦乐其乐；忧民之忧者，民亦忧其忧。群众利益无小事、民生问题大于天。领导干部的一言一行、一举一动都关乎民情、牵动民心。带领人民创造美好生活，是我们党始终不渝的奋斗目标，更是领导干部人民情怀的具体体现，只有获得组织认可、赢得群众尊重，自己才能实现价值。心中有民不忘本，心中有责不懈怠。我们党是为人民服务的，是要为人民做事的。职务就是责任，岗位就是责任。做一名新时代的优秀领导干部，必须时刻坚持以人民为中心的发展思想，牢记"我是谁""为了谁""依靠谁"，切实做到权为民所用、情为民所系、利为民所谋，把实现好、维护好、发展好最广大人民根本利益作为发展的根本目的，把人民拥护不拥护、赞成不赞成、高兴不高兴、答应不答应作为衡量一切工作得失的根本标准，用我们自己的一生来践行党的宗旨。

五、要做到"有人性",始终拥有人性的光辉

人性,是指在一定社会制度和历史条件下形成的人的品性,是人生而为人所应具有的正常的感情和理智,是人所具有的区别于其他动物的属性。恩格斯说:"人,一半是天使,一半是野兽。"弗洛伊德说:"从猿进化到人,需要几百万年;而从人退化到猿,却只要几分钟。"人性最美是善良。法国作家雨果说:"人世间最宝贵的是善良。善良即是历史中稀有的珍珠,善良的人便几乎优于伟大的人。"善良是人性中最耀眼的一缕光辉,指引人穿越黑暗,纵使千难万险也心有光明。一个人也只有具备了善良的品性,为他人、爱他人、利他人才能成为可能。私心重了人性就轻了。私心和欲望是使人丧失人性的罪恶之源。在衡量人性的天平上,私心私欲重了,人性的真善美就轻了。领导干部身份不仅不会自动隔绝丑恶、远离欲望,而且还会遇到更多的挑战、诱惑和陷阱,遭遇更严峻的考验,关键要始终保持头脑清醒,坚守精神家园,用人性的光辉战胜人性的邪恶。党性是人性的升华。中国共产党人的党性和人性是辩证统一的,人性是党性的基础和前提,党性是人性的提升和发展。党章规定,"党除了工人阶级和最广大人民群众的利益,没有自己特殊的利益"。习近平总书记强调,"坚持不懈强化宗旨意识,解决好党员、干部是人民公仆的角色定位问题"[①]。处理好党性与人性的关系问题,归根结底就是要处理好公与私、利他与利己、集体与个人、奉献与索取的关系。莫拿"人情"当人性。"有人性"首先就要有人情味,这是做人做事做官最基本的要求。如果对人总是不尊重、不在

---

① 习近平:《做焦裕禄式的县委书记》,中央文献出版社2015年版,第64页。

乎，总是求全责备、苛责刁难，总是让人望而却步、敬而远之，还谈什么"有人性"，又何来人性的光辉。"官"念太强，"架子"太大，人性就会减弱，与社会现实格格不入。不好选择的时候，坚持原则就是唯一的选择。要做到既有人情味，又有原则性，既有人性温度，又有人情尺度，不被人情世故所羁绊。做一名新时代的优秀领导干部，必须坚持不懈强化宗旨意识，解决好党员、干部是人民公仆的角色定位问题，永怀公仆之心，谨奉公仆之职，为共产主义奋斗终身，随时准备为党和人民牺牲一切。

六、要做到"有人格"，注重造就自己的人格魅力

人格，是一个人的性格、气质、能力等特征的总和。习近平总书记指出，"人格要正，有人格，才有吸引力"[1]，"共产党人拥有人格力量，才能无愧于自己的称号，才能赢得人民赞誉"[2]。高尚人格既是真、善、美的统一，更是知、意、行的统一，具体表现为光明磊落、坦荡无私等优良品质，尽显人的品德、格调和境界，让人敬佩信服，能够产生强大的感召力、凝聚力、影响力。人美不在貌，而在人格。相貌是人的外在，精神是人的内在，内在美才是真正的美。人的精神修养，呈现精神的层次、显露心灵的美丑。"人格是一个人精神修养的集中体现。光明磊落、坦荡无私，是共产党人的光辉品格，也是干部应该锤炼的品质修养。"[3] 共产党人干事业，一靠真理的力量，二靠人格的力量。人格力量是中国共产党人的精神名片，彰显着中

---

[1] 《习近平谈治国理政》第3卷，外文出版社2020年版，第330页。
[2] 《习近平谈治国理政》第2卷，外文出版社2017年版，第12页。
[3] 《习近平谈治国理政》第3卷，外文出版社2020年版，第521页。

国共产党人的独特精神气质,是融入血脉的鲜明精神标识和独有的"基因密码"。习近平总书记指出:"我们党作为马克思主义执政党,不但要有强大的真理力量,而且要有强大的人格力量;真理力量集中体现为我们党的正确理论,人格力量集中体现为我们党的优良作风。"[1] 正是凭借这种伟大人格力量,我们党带领人民走向了实现中华民族伟大复兴的光辉前景。人格魅力是干部的重要软实力。人格魅力也是领导力。列宁曾说:"保持领导不是靠权力,而是靠威信,毅力,靠比较丰富的经验、比较渊博的学识以及比较卓越的才能。"[2] 领导科学中也有一个公式,即"领导魅力=99%的个人影响力+1%的权力"。做一名新时代的优秀领导干部,一定要持之以恒改造主观世界,坚持不懈用党的创新理论武装头脑,树立正确的世界观、人生观、价值观,始终坚守共产党人的精神家园,在奋斗中锻造高尚人格,以有本事、勤奉献的人格魅力让人不能不服、不敢不服、不忍不服。

七、要做到"有知识",不断构建强大的知识体系

各级党政干部不管在哪个岗位,都必须具备基本的知识体系。体系,泛指一定范围内或同类的事物按照一定的秩序和内部联系组合而成的系统;知识体系则是指把大量不同的知识点,系统、有序、指向性明确地组合成某种类型的知识架构。有"知"才会有"智",知识就是领导的本钱。知识就是力量、就是财富。知识可以改变一

---

[1] 中共中央党史和文献研究院编:《习近平关于全面从严治党论述摘编》(2021年版),中央文献出版社2021年版,第314页。

[2] 《列宁全集》第7卷,人民出版社2013年版,第9页。

个人的命运，也可以改变一个民族、一个国家的命运。强大的知识体系是人思维方式、思想观点来源的基础。对于领导干部来说，知识资本是重要的领导资本，知识储备的数量与质量，直接决定了干工作思路见解的延展度、分析研判的精准度、决策部署的科学度、形势局面的掌控度、效率效益的优劣度，关系到党和人民事业的顺利发展。书籍是知识的载体，读书是进步的阶梯。知识是人们正确认识世界和改造世界的成果，而书籍承载着人类创造的知识和智慧，默默无闻地传承着人类的精神和文明，人类最深邃的思想、最伟大的智慧、最重要的精神，都深藏在书籍里。习近平总书记曾指出："读书对于一个人的成长进步很重要，对于领导干部提高自身素质、做好工作更为重要。"[1] 做一名新时代的优秀领导干部，必须让读书学习成为一种爱好、一种习惯、一种修养、一种责任，坚持学习学习再学习，不断在读书中吸纳丰厚理论营养、博采各类知识精华，才能不断拓宽知识领域、完善知识体系，才能始终保持思想的先进性、思维的活跃性、思路的开阔性，学出高尚的人格、学出坚定的信仰、学出过硬的本领、学出务实的作风，更好地为党和人民的事业作出更大的贡献。

八、要做到"有能力"，真正能干事干成事

习近平总书记指出："领导干部不仅要有担当的宽肩膀，还得有成事的真本领。"[2] 干部、干部，干事为第一要务；干部、干部，干

---

[1] 习近平：《领导干部要爱读书读好书善读书——在中央党校2009年春季学期第二批进修班暨专题研讨班开学典礼上的讲话》，《学习时报》2009年5月18日。

[2] 中共中央党史和文献研究院编：《习近平关于防范风险挑战、应对突发事件论述摘编》，中央文献出版社2020年版，第240页。

事才有进步。想干事是愿望,能干事是能力,干成事是水平。绳短不能汲深井,浅水难以负大舟。干部的价值体现在干事上,而能力则是干事的基础、成事的保证。做新时代优秀干部,必须能力过硬。

当干部就得有政绩。习近平总书记指出,"党把干部放在这样一个岗位上是信任,是重托,要意气风发、满腔热情干好,为官一任、造福一方。不能干一年、两年、三年还是涛声依旧"[①]。干部的身份,肩负组织的信任、担负人民的重托,食着人民的俸禄、承载着组织的重托,身份平凡、责任不凡,理当想干愿干积极干、能干会干善于干,做实事、出政绩。打铁还需自身硬,干事必须本领强。花繁柳密处拨得开,才是本领;风狂雨急时立得定,方见水平。党和国家事业要发展、难关要攻克、风险要防范,作为干部不能只有表态和决心,关键还得有真本事、硬功夫。习近平总书记指出:"很多同志有做好工作的真诚愿望,也有干劲,但缺乏新形势下做好工作的本领,面对新情况新问题,由于不懂规律、不懂门道、缺乏知识、缺乏本领,还是习惯于用老思路老套路来应对,蛮干盲干,结果是虽然做了工作,有时做得还很辛苦,但不是不对路子,就是事与愿违,甚至搞出一些南辕北辙的事情来。"[②]知识化不等于专业化,学历高不等于能力强。习近平总书记指出:"无论是分析形势还是作出决策,无论是破解发展难题还是解决涉及群众利益的问题,都需要专业思维、专业素养、专业方法。"[③]专业的人,方能做好专业事。干部无论在任何岗位,具备出众的专业素养和专业能力都是干好事业、抓好工作的重要基础,直接关系党中央决策部署能否落地见

---

① 《习近平著作选读》第 1 卷,人民出版社 2023 年版,第 339 页。
② 《习近平谈治国理政》第 1 卷,外文出版社 2018 年版,第 402—403 页。
③ 习近平:《论坚持党对一切工作的领导》,中央文献出版社 2019 年版,第 103 页。

效，直接关系工作任务能否有序有效推进。做一名新时代的优秀领导干部，一定要培养专业思维、强化专业素养、掌握专业方法，真正具备干好工作所需要的专业知识、专业能力、专业作风、专业精神，着力提高认识和把握经济社会发展形势的能力，着力提高从整体上推进经济发展和社会发展的能力，着力提高改革创新经济社会发展思路举措的能力，着力提高综合运用经济手段、行政手段、法治手段推动经济社会发展的能力，着力提高统筹发展和安全的能力，着力提高营造经济社会发展良好环境的能力，真正成为工作的行家里手。

九、要做到"有担当"，惟有大担当才会有大作为

"天下兴亡，匹夫有责。"敢于担当是共产党人的政治品格，也是我们党对领导干部的一贯要求。习近平总书记指出："能否敢于负责、勇于担当，最能看出一个干部的党性和作风。"[1] "干部就要有担当，有多大担当才能干多大事业。"[2] 新时代，改革发展任务之重、矛盾风险挑战之多、治国理政考验之大都前所未有，如果只想当官不想干事、只想揽权不想担责、只想出彩不想出力，就不配当干部。为官避事平生耻，重任千钧惟担当。曾国藩《治心经》中有句话："以苟活为羞，以避事为耻。"说的是为官从政理应担当作为、务实苦干，对偷奸耍滑、怕事躲事感到羞愧难当、无地自容。担当尽责是干部的本分，如若不想担当、不敢担当、不善担当，就是丢了本分、失了本职，无疑是最大的耻辱。担当要有本事，没有本事就没

---

[1] 习近平：《论党的宣传思想工作》，中央文献出版社2020年版，第363页。
[2] 《习近平著作选读》第1卷，人民出版社2023年版，第339页。

资格谈担当，也担当不了。为官一任，造福一方。俗话说，"当官不为民做主，不如回家卖红薯"。当干部的基本要求就是要为民办事，必须履职尽责、担当作为，为民造福、为党分忧，在为人民谋幸福、为民族谋复兴的伟大征程中不断成长进步，在为党分忧、为党尽职、为民造福的历程中不断完善自我、实现人生价值。盖有非常之功，必待非常之人。习近平总书记指出："改革推进到今天，比认识更重要的是决心，比方法更关键的是担当。"① 担当是作风问题，更是政治问题。不担当就是不忠诚，就没有政德，就不配当干部。一代人有一代人的使命，一代人要担一代人的责任。进入新时代，形势逼人，挑战逼人，使命逼人，更需要有应对重大挑战、抵御重大风险、克服重大阻力、解决重大矛盾中的担当勇气和担当能力。做一名新时代的优秀领导干部，必须立足新时代新方位，自觉担起"关键少数"的"关键责任"，坚决摒弃被动应付、不思进取的消极心态，以永不懈怠的精神状态和一往无前的奋斗姿态，勇于担当尽责，积极干事作为，只争朝夕，不负韶华，为全面建设社会主义现代化国家新征程和实现中华民族伟大复兴的宏伟目标而奋斗，创造出无愧于新时代的光辉业绩。

十、要做到"有戒律"，炼就金刚不坏之身

领导干部要有戒律，就是指领导干部思想和行为应当遵循的准则以及必须遵守的纪律、规矩和底线。习近平总书记指出："严以律己，就是要心存敬畏、手握戒尺，慎独慎微、勤于自省，遵守党纪

---

① 中共中央宣传部编：《习近平新时代中国特色社会主义思想学习纲要》（2023年版），学习出版社、人民出版社2023年版，第95页。

国法，做到为政清廉。"①党章是总规矩、党纪是硬约束、国法是铁规则。做官是高风险职业，稍不注意就会万劫不复，稍有侥幸一定出事。心中有"戒"才能心存敬畏，才能时刻恪守权力的边界，严格遵守"清规戒律"。慎始如终，则无败事。"政者，正也。"清正廉洁，是领导干部为官从政的基本底线。在共产党人的字典里，公与私、廉与贪，从来都是泾渭分明、水火不容的。只有恪守清正廉洁的基本底线，才能始终保持共产党人的本色。明代何良俊所著《四友斋丛说》"白袍点墨，终不可湔"的故事告诉我们，清廉操守恰如一袭无瑕的白袍，容不得沾染半点利益的污墨。心存敬畏，行有所止。明代方孝孺说："凡善怕者，必身有所正，言有所规，行有所止，偶有逾矩，亦不出大格。"心有敬畏，行有依归，有敬畏心，才能坚守正道、襟怀坦白，堂堂正正做人、清清白白做事。领导干部要心存敬畏，不要心存侥幸。诚实无破绽，不诚实就会有破绽。领导干部一旦失去敬畏之心，"思想防线"就会悄然失守，"精神堤坝"就会逐渐崩溃，"言行举止"就会变态失态。不卑不亢，无欲则刚。人无欲则刚，人无欲则明。无欲能使人在障眼的迷雾中辨明方向，使人在诱惑面前保持高尚的人格和清醒的头脑，使人正确认知自我，谦虚谨慎、低调做人，保持知足达观、豁达大度的心态。一个人能否做到有戒律，最大的诱惑是自己，最难战胜的敌人也是自己。自己不打倒自己，谁也打不倒你。管住自己、战胜自己，关键是能坚定信念，坚守防线，恪守准则，把纪律和规矩挺在前面。做一名新时代的优秀领导干部，必须始终加强党性修养，不断以党性原则约束自己、改造自己、淬炼自己，始终保持谦虚谨慎的态度；始终敬畏组织、敬畏群众、敬畏权力、敬畏法纪，做到心有信念、胸有理想，

---

① 《习近平谈治国理政》第 1 卷，外文出版社 2018 年版，第 381 页。

内有定力、外有防线，不为物欲、不为利诱，经得住考验、守得住根本、保持住操守、抵得住风浪，炼就"金刚不坏之身"，自觉做政治上的明白人、工作中的老实人、生活中的干净人。

领导干部之基本

党章明确规定,"党的干部是党的事业的骨干,是人民的公仆"。当干部不是享受,不是特权,更不是炫耀的资本,而是对党和人民一份沉甸甸的责任。什么人能当干部?习近平总书记提出,"好干部要做到信念坚定、为民服务、勤政务实、敢于担当、清正廉洁"[1]。这"20字"标准,是对新时代干部的基本要求,也是新时代干部选拔任用工作的根本遵循。结合领导工作实际,总结梳理出了做一名领导干部应当具备的10个方面要求。

一、培植适合当领导干部的好性格

性格是指人的性情品格,是一个人稳定的情绪表达。性格一般比较稳定,但可培植、可塑造。好的性格是身心健康的需要,是自身发展的内在要求,是团结共事的重要基础。领导干部作为"关键少数",必须有意识地培植适合当领导干部的好性格。

1. 刚中有柔、刚柔并济。"凡为将者,当以刚柔相济,不可徒恃其勇。"领导工作,过刚易折,过柔则靡。过于严厉苛刻,就会使人望而生畏、敬而远之,没有亲和力;过于宽厚仁慈,就会政令不通、

---

[1] 《习近平著作选读》第1卷,人民出版社2023年版,第131页。

难以约束，形不成战斗力。领导干部要准确把握刚与柔的辩证关系，做到严管和厚爱结合，恩威并重，从而更好地驾驭工作局面。

2. 知人之明、自知之明。知人者智，自知者明。知人是领导干部的基本功，自知则是领导干部提升自我的前提和手段，知人之明和自知之明，两者都很重要。若不能知人善任，则会贻误事业；若没有自知之明，就不能发展进步。领导干部要在识人用人上做到知事识人、人事相宜、人岗相适，在自我认知上做到认识自己、完善自己、超越自己。

3. 机动灵活、善于应变。兵无常势，水无常形。形就是已出现的现状，势就是将要出现的状况。领导干部不仅要看到形，还要把握势。只有根据形势需要，因时而动，顺势而为，才能事半功倍，干出新业绩，实现新作为。遇事不能机动灵活、善于应变，是做不成领导的。

4. 平易近人、关心他人。爱人者，人恒爱之。当官一阵子，做人一辈子。当领导不能有官架子，不能自认为高人一等，工作上是上下级，但人格上都是平等的。领导干部一定要有人性光辉，平易近人，有爱心且善良，不放过关怀别人的机会，不能有官本位思想、特权思想。

5. 乐观自信、向上向善。乐观自信是一个国家、民族积极进取的力量源泉，是一个人成长进步的意志基础。向上向善是一个国家、民族昂扬前行的强大精神支柱，是一个人灵魂深处最美的音符。道不可坐论，德不可空谈。领导干部必须内心强大，心态阳光，奋发有为；扶危济困，救难暖心，关心弱势。

6. 自立自强、不等不靠。天助自助之人。人不自助，天将弃之。内因是事物变化的根据，外因只是条件。依靠别人的拐杖永远走不出自己的路。只有干出来的精彩，没有等出来的辉煌。领导干部只有积极主动去作为，自强不息，撸起袖子加油干，才能获得成功。

7.刚毅无畏、敢于担当。习近平总书记强调："为了党和人民事业，我们的干部要敢想、敢做、敢当，做我们时代的劲草、真金。"①领导干部要有"敌军围困万千重，我自岿然不动"的气概，事不避难，义不逃责。要做"狮子型"干部，发扬斗争精神，不能只想当官不想干事、只想揽权不想担责、只想出彩不想出力。

8.求实求新、积极进取。习近平总书记指出："历史总是要前进的，历史从不等待一切犹豫者、观望者、懈怠者、软弱者。只有与历史同步伐、与时代共命运的人，才能赢得光明的未来"②。领导干部干在实处闯在新处，才能走在前列勇立潮头；奋勇争先敢为人先，才能日新日进。

9.简洁干练、坚决果断。大道至简，人生宜简。做事要避免简单的事情复杂化，做人不要把自己搞得太复杂。聪明的人往往能够把复杂问题简单化，进而干脆利落、坚决果断地去开展工作。当断不断，反受其乱。领导干部要善于透过现象看本质、善于抓住主要矛盾，抽丝剥茧、理清思路，有效应对、果断决策。

10.谨慎守严、一丝不苟。万事严中来，举大事必慎其始终。谨慎才能走远，细节决定成败。谨慎能捕千秋蝉，小心驶得万年船。领导干部要牢记祸患常积于忽微、天下大事必作于细的道理，慎易以避难、敬细以远大，争取把每一项工作做到臻于至善，切不可大而化之。

11.宽容豁达、合作共进。宽容豁达体现的是一个人的品格、胸襟和气度。"人非圣贤，孰能无过。"圆融才能无碍，包容才能共进。

---

① 《习近平著作选读》第1卷，人民出版社2023年版，第134—135页。
② 《习近平谈治国理政》第2卷，外文出版社2017年版，第32页。

宽容别人，就是善待自己。领导干部要有"化干戈为玉帛"的容人容事心胸，求同存异、团结友善、精诚合作、携手共进。

12. 沉稳大气、坦荡从容。凡大气者，皆有大气象、大格局、大境界，亦能挑大梁、干大事、成大器。领导干部要像山一样沉稳厚重，正确对待职务和权力，不强求不执念，拿得起放得下，透彻敞亮，坦坦荡荡。

13. 客观理性、公正无私。公平正义是人类文明的重要标志，是和谐社会的重要特征。偏见、自私皆源于无知。客观理性、秉公用权、公平公正是领导干部最起码的政治品格和职业操守。领导干部手握公权，必须"用权如衡，唯公唯平"，不看亲疏远近，不搞内外有别，不拿原则做交易。

14. 不忘欣赏、不吝赞美。"人性最深切的需求就是渴望别人的欣赏。"人人都有值得欣赏和赞美的闪光点，欣赏和赞美是照在心灵上的阳光。世界上并不缺少美，而是缺少发现和欣赏美的眼睛。只有善于欣赏别人的长处，才能做到"各美其美，美人之美，美美与共"。领导干部要当众、适时、适度、真诚、中肯地"大声说出你的欣赏和赞美"。

二、领导干部要拥有好的心态

所谓心态，就是性格加态度，是人的思想、情趣、意志、能力、性格等综合素质的集中体现。英国作家狄更斯说过："一个健全的心态，比一百种智慧都更有力量。"领导干部要自觉培育积极健康的心态，始终保持奋发进取的精神状态，才能抓住机遇、迎接挑战，完成党和人民赋予的任务。

1. 好学的心态。学习是人生智慧的"第一本源"，是储备知识的重要途径。先要有输入才能有输出。自己肚子里没有货，就不配做领导。给别人一碗水，自己先要有一桶水。领导干部既要行万里路，又要读万卷书，坚持在竞争中学习，在学习中竞争，培养永远学习的心态。

2. 空杯心态。满招损，谦受益。事物的发展是自我否定的结果，客观事物的复杂性和人的认识能力的有限性，决定了人类实践只能是接近真理的过程。成绩只代表过去，勇于归零至关重要。一个人只有对自我不断扬弃和否定，才能够承载得更多，看得更远。领导干部要勇于归零，永不满足，追求卓越。

3. 阳光心态。这是一种自信乐观、向上向善、开放包容的处世态度。比海洋更广阔的是天空，比天空更广阔的是心灵，物随心转，境由心造。希望激发斗志，希望产生动力。领导干部要永远活在希望之中，凡事尽量从好的方面看，及时清扫心理垃圾，始终以平和、淡泊、知足的心态对待名、利、权、位。

4. 积极主动的心态。这是个体对待自身、他人或事物的积极、正向、稳定的心理倾向。著名成功学作家希尔提出的"黄金定律"十七条，第一条就是积极主动。"机遇总是偏爱那些有准备的头脑"，多一点努力，就多一份幸运。"幸福都是奋斗出来的。"领导干部必须以积极的心态做好每件事、面对每一天，"长风破浪会有时，直挂云帆济沧海"。

5. 坚持的心态。"不经一番寒彻骨，怎得梅花扑鼻香。"事物发展是一个曲折、渐进的过程，只有量的不断积累，才能发生质的变化。恒心比决心更重要。设定目标，就要永不言弃。领导干部既要有动力、也要有定力，既要有干劲、也要有韧劲，持续用力、久久为功，将每一项任务干好、干成、干出彩。

6. 合作的心态。德国哲学家叔本华曾说过："单个的人是软弱无力的，就像漂流的鲁滨逊一样，只有同别人在一起，他才能完成许多事业。"一个人走得快，一群人走得远。合则共赢，分则俱损。美人之美，美美与共。领导干部要大事讲原则、小事讲风格，尊重信任他人，善于换位思考，发挥个人优势，形成集体力量，实现合作共赢。

7. 感恩的心态。古人云："滴水之恩，当涌泉相报。"做人要讲良心，一个人懂得感恩，别人才敢信任你，才会帮助你。树不能离根，人不能忘本。领导干部无论在什么岗位，担任什么职务，都要常怀感恩之心，感恩时代、感恩党、感恩人民、感恩父母、感恩帮助过自己的人。

8. 认真的心态。古人云："差之毫厘，谬以千里。"认真是一种态度、一种能力和一种习惯，认真成就优秀。毛泽东曾说："世界上怕就怕'认真'二字，共产党就最讲认真。"[1] 只有小事做精致，才能大事做精彩。领导干部对待每一件事都要发扬一丝不苟、精益求精的工匠精神，从最简单、最平凡、最细小的地方做起，把事情做精细、做精准、做精深。

9. 勤勉谦恭的心态。这是指放低自己的姿态，摆正自己的位置，脚踏实地、守好本分。大海因其位低，才能海纳百川。领导干部要按本色做人、按角色做事，不管周围环境发生怎样的变化，都一如既往地谦虚做人、勤奋做事，立足眼前、活在当下，向实践学习，拜人民为师。

10. 付出奉献的心态。爱出者爱返，福往者福来。赠人玫瑰，手留余香。任何时候，"施"比"受"好，"给"比"拿"快乐，给予

---

[1] 中共中央文献研究室编：《毛泽东年谱（一九四九——一九七六）》第3卷，中央文献出版社2013年版，第249页。

了别人就提升了自己，奉献者是有福之人。领导干部要"捧着一颗心来，不带半根草去"，宵衣旰食、夙夜在公，心甘情愿燃烧自己、照亮别人，牺牲"小我"、成就"大我"。

11. *乐观豁达的心态*。世上没有过不了的坎，只有过不去的心。正如英国诗人雪莱的诗："冬天已经来了，春天还会远吗？"凡事学会顺其自然、不钻牛角尖，才能做一个快乐的人、一个心胸开阔的人。领导干部要面对逆境不消极悲观，得意不忘形，失意不失态，以平常心对待个人得失。

12. *敢于挑战的心态*。生命是在自我超越中日臻完善的。人生最大的竞争对手即自己，最难的是自我超越，最具挑战性的莫过于自我提升。无限风光在险峰，世界上最美的风景只属于那些敢于攀爬、登高望远的人。领导干部要敢于自我否定、勇于自我革新，主动走出"舒适区"，不惧风险，披荆斩棘，大胆创新。

13. *知足平衡的心态*。人生无常，心安便是归处；安分者安心，知足者常乐。"养心莫过于寡欲"，事能知足心常惬，人到无求品自高。领导干部要在名利上有满足感、能力上有危机感，学会用知足的砝码去平衡内心的天平，耐得住清贫、抗得住诱惑、守得住小节，清清白白做官，公公正正用权。

14. *宽厚容人的心态*。古人云："君子贤而能容罢，知而能容愚，博而能容浅，粹而能容杂。"心小了，小事就大了；心大了，大事都小了。心有多大，舞台就有多大。领导干部要有海纳百川、有容乃大的宽广胸襟，做事要精明，做人要厚道，严以律己，宽以待人，虚怀若谷，以开放包容的心为人处世。

15. *永远自信的心态*。自信是发自内心的自我肯定与相信。爱默生曾说："自信是成功的第一秘诀。"相信自己，才能得到别人的信任。一个人没有自信，就是扶不起的稀泥。有实力才有真自信。领导干部要不断增强实力、增强底气,在平凡的岗位上创造出不平凡的业绩。

16. 诚实守信的心态。人无信不立。诚实无破绽。诚者有信,信则有誉。我国自古就倡导"一诺千金、一言九鼎",把诚信视为做人的道德标准。习近平总书记强调:"人与人交往在于言而有信,国与国相处讲究诚信为本。"[1] 领导干部要诚实地对待一切,脚踏实地,说到做到,对党忠诚,不搞"两面派"、不做"两面人"。

三、领导干部要不断磨炼自己的意志

意志是指决定达到某种目的而产生的心理状态,对行为有发动、坚持和制止、改变等调控作用,有意志顽强和意志薄弱之分。"古之立大事者,不惟有超世之才,亦必有坚忍不拔之志。"领导工作纷繁复杂,任务艰巨,没有坚强的意志是无法做好的。

1. 克服坏习惯,形成好习惯。"少成若天性,习惯成自然。"好习惯成就好人生。好习惯养成了一辈子受用,坏习惯养成了一辈子吃亏,想改也不容易。优秀的人都是把一切优秀品质习惯化的人。好习百日修,恶习要征服。领导干部要见贤思齐,三省吾身,循序渐进,磨砺意志,养成好习惯。

2. 不折不扣履行当下的职责。人的一生都生活在责任之中,承担责任是一个人走向成熟的必经历程。职务就是责任,岗位就是责任。一个没有责任感的人,遇事只会逃避、退让,根本担不起社会责任,更不要说当好领导干部了。担任了领导职务就必须把工作当事业,不断磨炼履职尽责的意志,成为"行家里手"。

---

[1] 《习近平谈治国理政》第 1 卷,外文出版社 2018 年版,第 292 页。

3. 管住自己的思想和言行。冲动是魔鬼。图口舌之快，必招来无数祸害。"管人"是领导干部的重要职责，管好别人首先要管好自己。放任自己，一事无成；管住自己，行稳致远。领导干部唯有不断磨炼管住自己的"心"、管住自己的"口"、管住自己的"手"，才能成为一个好人、好党员、好干部。

4. 珍惜时间。世上最大的节约是节约时间。时间最不偏私，给任何人的每一天都是24小时；时间也最偏私，给任何人的每一天都不是24小时，关键看你如何对待它。一寸光阴一寸金，寸金难买寸光阴。万事立业在今日，莫待明朝悔今朝。领导干部要有惜时如金的意志，把有限的时间投入到最有价值和意义的事情上。

5. 艰苦奋斗。世界上没有坐享其成的好事，要幸福就要奋斗。成功不易，既要艰苦更要奋斗，没有艰苦就不是真正的奋斗。领导干部只有不断磨炼兢兢业业、苦干实干的意志，才能让奋斗成为一种自觉、一种习惯，才能创造出实实在在的工作业绩，向人民交出满意的时代答卷。

6. 坚韧顽强、越挫越勇。人生如山，有巅峰也有低谷；事业如河，有平缓也有旋涡。不管你喜欢不喜欢，前进的道路上，难免都会遭遇艰难和坎坷，只有意志顽强的人，才能跨山蹚河，尝到胜利的果实。害怕失败比失败更可怕。领导干部要始终坚定必胜信心和决心，不断提高抗挫商，不断磨炼"千磨万击还坚劲"的意志，努力攀登人生高峰。

7. 坚持不懈、持之以恒。若有恒，何必三更眠五更起；最无益，莫过一日曝十日寒。干事业好比钉钉子，只有一锤接着一锤敲，钉牢一颗再钉下一颗，不断钉下去，才会大有成效。政贵有恒，治须有常。领导干部要想干出真政绩，必须把"恒"字深深镌刻在干事创业的基座上，不断磨炼"水滴石穿"的意志，一件事接着一件事抓，一任接着一任干。

8. 任劳任怨。党员干部做人要实，要有"俯首甘为孺子牛"的任劳任怨。任劳本应当，任怨显修养。当领导就既要任劳，更要任怨。刀在石上磨，人在事上练。干得越多，成长越快。领导干部要在任劳任怨中不断历练提升意志。

9. 不畏其难、不厌其烦。居官从政既要攻得了难，还需耐得住烦。天下无难事，只怕有心人。领导干部只有锤炼"不以事艰而不为，不以任重而畏缩"的精气神和坚强意志，居官以耐烦，主动作为，才能干出一番事业。

10. 内心强大、心态平和。"人人自有定盘针，万化根源总在心。"一个内心强大的人，无论面对多少挫折和困难，都能始终自信乐观，心静如水、意志如磐。领导干部要不断加强内心修炼，练就"失意要忍、得意要淡"的意志，积极向上、乐观从容，做到不忧、不惧、不惑。

11. 学会等待和积累。凡事都讲究循序渐进，量变达到一定程度才会质变，欲速则不达。怀才就像怀孕，真怀到了一定时间就能看出来。抱怨自己怀才不遇，实际是自己根本没怀才，或积累不够。不积跬步无以至千里，机会总是留给有准备的人。领导干部必须沉心静气做好正在做的事，在静悄悄的等待和积累中坚定意志、厚积薄发、成就不凡。

12. 笃定自信，稳得住心神。一个人内心笃定，就能稳住心神，目标明确，行稳致远。领导干部是带领群众战风险、渡难关的"主心骨"，关键时刻必须能够豁得出来、顶得上去，敢拍板、善决策，任何惊慌失措、患得患失都有可能错失良机、激化矛盾。必须磨砺意志、增强定力，以坚定不移的决心、沉稳果敢的行动，咬定青山不放松。

13. 懂得克制和自律，抵得住诱惑。克制也是一种自律。当今世界，诱惑多多，抵得住诱惑的人才是自由人，才是有尊严的人。能克己律己、抵制诱惑，方能成己成事。天上不会掉馅饼，地上处处是陷阱。领导干部最大的诱惑是自己，最难战胜的敌人也是自己，关键要练就"刀枪不入"的坚强意志，时刻保持自警自律、慎独慎微。

四、领导干部需要养成好习惯

所谓习惯，是指在长时期内逐渐养成的，一时不容易改变的行为、倾向或社会风尚。心理学家研究，人的习惯七天开始出现，二十一天基本固定。好习惯是人生的助推器，能使人终身受益；坏习惯如同人生的枷锁，使人深受其害。领导干部努力养成好习惯，才能更好地肩负起"领"与"导"的重任。

1. 不停止学习。"刀不磨会生锈，人不学会落后。"学习力就是核心竞争力。领导干部学习能力的强弱，直接反映领导水平的高低，并且事关事业发展。不学习必然跟不上时代、必然被淘汰，必须养成"活到老，学到老"的习惯。

2. 定期列出工作清单。凡事预则立，不预则废。列出工作清单，会使工作更有计划、有条理、有章法，更拎得清，是一种有效的工作方法。领导干部工作事务繁杂、千头万绪，要定期列出工作清单，对工作如数家珍、次序分明、重点突出、有张有弛，做到游刃有余。

3. 虚心听取他人的意见。兼听则明，偏信则暗。"有容人之气度、纳谏之雅量"是领导艺术。一个干部虚怀若谷、公正不阿地听取意见，透露出的是勤勉务实的态度、襟怀坦荡的风度、海纳百川的气度。没有一个领导是万能的，领导干部最大的本事就是听取各方面的意见，把别人好的意见集中起来变成自己的"智慧"。

4. 克服拖延症。领导干部的时间不仅是自己的时间，还是事业的时间，拖延就是一种慢性"自杀"。光想没有用，做起来就会有办法。习近平总书记曾指出，"事情定了就办、办就办好，绝不允许拖拖拉拉、半途而废"[①]。领导干部必须强化时间观念、效率观念，养成日事日毕、日清日结的工作习惯。

5. 坚持运动。身体是革命的本钱，生命在于运动。身体是"1"，后面是"0"，没有这个"1"，后面的"0"再多也没有用。人和机器一样，经常运动身体才不会"生锈"，才能以更强健的体魄、更年轻的大脑、更饱满的激情投入工作。领导干部应当重视身体健康，养成坚持运动的习惯。

6. 量化目标和制订行动计划。对目标进行量化，行动前制订切实可行的计划，是一种重要的领导方法。目标越具体，行动越有效。人人都会制定目标，但不是人人都能够自觉地去量化目标。事前无计划，做事一团麻。目标明确，行动才有正确方向；行动有力，目标才能顺利实现。领导干部理当养成量化目标和制订计划的好习惯，当然，计划也要留有余地。

7. 专注。专注是一种精神，一种品格，更是一种态度。一个人只要专注于某一项事业，就一定会做出使自己感到吃惊的成绩来。工贵其久，业贵其专。领导干部要养成专注的习惯，心无旁骛、全身心地把时间、精力和智慧投入到正在干的事情上，做到干一行爱一行，钻一行精一行。

8. 优化和反思。优化和反思的目的在于变得更加优异。毛泽东

---

① 本书编写组编著：《闽山闽水物华新：习近平福建足迹》（下），人民出版社、福建人民出版社2022年版，第861页。

曾说："脑子一固定，就很危险，要开动脑筋，使思想活跃起来。"[1]人的成长重在不断反思、不断改正、不断进步。领导干部理应把优化和反思作为一以贯之的"规定动作"，"认识—实践—再认识—再实践"，不断提升品行修养、能力本领，使自己更加成熟，做到不贰过。

9.权衡变通。"明者因时而变，知者随事而制。"领导工作不能一条道走到黑，原则性和灵活性什么时候都要结合好。"穷则变，变则通，通则久。"领导干部要坚持辩证唯物主义的世界观和方法论，善于运用辩证思维，审时度势、因时制宜，坚持实际、因地制宜，人尽其用、因人制宜，具体问题具体分析。

10.抓大放小。领导工作千头万绪、纷繁复杂，必须身在事中、心在事上。得其大者可以兼其小。领导干部要善于抓住主要矛盾和矛盾的主要方面，把握工作的重点和关键，区分本末、主次、轻重、缓急，有所为有所不为。

11.居安思危。"居安思危，思则有备，有备无患，敢以此规。"思危也是一种预见，如无预见，即无领导。没有危机感，恰恰处在危机之中。领导干部必须增强忧患意识，深刻把握客观事物运行的根本规律，查清事物的发展方向和趋势，学会预判危机，查看风险动向，既要有"先见"，又要有"高招"。

五、当领导干部必须有"资本"

资本是企业经营活动的一项基本要素，是企业创建、生存和发

---

[1] 中共中央文献研究室编：《毛泽东年谱（一九四九——一九七六）》第3卷，中央文献出版社2013年版，第319页。

展的一个必要条件。在这里喻指当领导干部应当具备的必要条件。领导资本是做好领导工作的重要基础，是树立领导权威的有力保障，是推动事业发展的关键所在。

1. 形象资本。当干部就要有干部的"样子"，决不能摆"官架子"。一个好的官声、名声就是领导干部最好的"样子"。要有科学的世界观、正确的人生观、鲜明的价值观、干净的权力观、务实的政绩观，树立公道正派、改革开放、勤奋工作、廉洁自律、吃苦务实的形象，注重细节，防微杜渐，始终保持良好形象。

2. 知识资本。腹有诗书气自华。知识是领导干部的立身之本和从政之基。知识决定底蕴，见识决定水平。领导干部既要当好领导，又要成为专家；既要懂知识，又要有常识。"学者非必为仕，而仕者必为学。"要建立较好的知识体系，优化知识结构，加快知识更新，拓宽知识视野，扩大知识存量，打牢知识功底，知行合一，学以致用。

3. 能力资本。人在社会上立足，靠的是能力，没有能力，什么也做不了。领导干部"不仅要有担当的宽肩膀，还要有成事的真本领"。职务越高，本事也要越大。练就"八种本领"才会有底气，才能做好领导工作。必须把学习与实践贯穿领导工作全过程各方面，真学真干，克服"本领恐慌"，练就一身硬功夫、真本领。

4. 智慧资本。"仁者无忧，智者不惑，勇者不惧。"智慧是真正的力量。拥有了智慧，才能拥有见微知著的眼光，审时度势，运筹帷幄，决胜千里之外。领导干部必须掌握马克思主义哲学的"看家本领"，做到"有所为，有所不为"，学会选择，懂得放弃；大处着眼、小处着手；刚柔相济、动静相宜。

5. 权威资本。领导干部担任着一定的职务，拥有一定的权力，必须要有使人信服的力量和威望，才能说话有人听、指挥有人应、办事有人跟。要把"硬权力"和"软权力"两种权力转化为权威,就要学会以德树威、以识增威、以情固威,做到权责统一,以权服人、以才服人、以德服人,最终让人心悦诚服。

6. 心理资本。"有什么样的心态,就有什么样的人生。"一个健全的心态,比一百种智慧都更有力量。内心强大才是真正的强大。领导干部要拥有健康的心理,"任凭风吹浪打,我自岿然不动",从容不迫,积极乐观,时刻在状态,时刻呈现最好的自己。

7. 健康资本。"身体是革命的本钱。"身体健康是领导干部履职的前提和根本。当领导干部,必须要有健康的体魄。不会休息,就不会工作。"一张一弛,文武之道。"要劳逸结合,自我调整,舒缓工作压力,加强锻炼,陶冶情操、培养积极健康的兴趣爱好,锻炼身心、增强体魄。

六、当领导干部要有基本功

所谓基本功,是指从事工作必备的基本才能、知识和技能。基本功不扎实,就如同在淤泥上盖高楼,再漂亮也立不住。要学打,先扎马。唱戏讲究"唱念做打",说相声要会"说学逗唱",从事领导工作也需要具备一些基本功。

1. 终身学习。时代总在犒赏终身学习的人。只有坚持和善于学习,才能获得新知、跟上时代。"吾生也有涯,而知也无涯。"领导干部要活到老、学到老,发扬钻挤精神,日积月累,久久为功,常学常新,永无止境,努力取得最佳学习效果。

2. 阅读、讲话和写作。对一个人而言,其阅读史就是其成长史,有阅读便不会倒、不会老;讲话最能反映其学识、折射其涵养;写作能使其思想得到提炼、变得周密。当干部就要善阅读、口能言、笔能写，养成阅读习惯，读有所得、得而能用；讲话要像"话"，讲大白话、真话、实话、短话；多动笔，让写作成为重要工作能力。

3. 自我反思。反思是修成美德、提升智慧的必由之路。反思才能进步。经常反思可以为人生校准航向。反思能力是一种重要能力。一个经常自我反思的人，修为不会太差。领导干部要培养和发扬反思精神，勤于反思，实事求是地反思，善于"踱方步"，反躬自省，不断丰富和完善自己。

4. 正确地努力。努力既要有正确的方向，也要有正确的方法。方向不对，努力白费；方法不对，功夫翻倍。领导干部要树牢正确的世界观、人生观、价值观，努力掌握辩证唯物主义和历史唯物主义，不忘初心、牢记使命，沿着"正道"前行，把精力放在"正事"上。

5. 不被情绪左右。有情绪很正常，可怕的是情绪化。一个人如果不懂得控制自己的情绪，不仅做不好工作，还容易伤害他人。有情绪是本能，控制情绪是本事。领导干部要自觉加强内心修炼，学会自我控制、自我调适，先处理情绪后处理工作，不把工作烦恼带回家，以强大内心维护情绪稳定。

6. 人际交往。人际交往有助于深化自我认知、获得支持与帮助、掌握更多信息，对每个人的工作生活都影响很大。领导干部经常和各种各样的人打交道，更要重视人际关系构建，但不能刻意去追求。要掌握好"度"，做到"亲密有间"、合情合理，坚持原则，不怕得罪人，防止把正常人际交往搞成交易、交换。

7. 心无旁骛。要攀登事业顶峰，就要心无旁骛专攻主业。专注是取得成功的重要原因。心无杂念、专心致志做工作，才能使长处更强，也才能扬长避短。"守少则固，力专则强。"专注才能专业。领导干部要养成深度工作的习惯，坚持在研究状态下工作，发扬工匠精神、钉钉子精神，精益求精办好每一件事，在专注中把事干成。

8. 识人用人。尚贤者，政之本也。治天下惟以用人为本。用人之要，莫先于识人。领导干部要把功夫下在平时，接触干部、了解干部、认识干部，既看现状也看潜能潜质，把研究人和研究事结合起来，知事识人、以事择人，用当其时、用当其位、用其所长，德配其位、才配其位，尽显其才。

9. 决策拍板。领导就是决策。决策正确是事业成功的关键，决策失误是最大的失误。敢不敢、会不会决策拍板，体现着领导干部的担当意识和能力素质。"谋要众，断要寡。"领导干部要集思广益，搞好上下情"结合"，做好可行性和不可行性研究，科学民主依法决策；要当机立断，认准了就大胆干，当没有万全之策时，两利相权取其重、两害相权取其轻。

10. 攻坚克难。"艰难困苦，玉汝于成。"困难给人带来痛苦，也砥砺人的进步。困难像弹簧，你弱它就强。很多时候，困难、风险、危机、曲折这些并不可怕，关键在于勇于面对、攻坚克难。领导干部要有攻坚的宽肩膀和克难的真本领，越是挑战大，越要迎着上，"下定决心，不怕牺牲，排除万难，去争取胜利"。

七、领导干部要保持优良作风

作风是指领导干部在思想、工作和生活等方面表现出来的比较稳定的态度或行为风格，包括思想作风、领导作风、工作作风、生活作风、学风、文风、家风等。对领导干部来说，作风问题本质上是党性问题，直接关系党风政风民风和政治生态，关系民心向背。作风问题绝无小事，作风就是领导力，作风就是战斗力。

1. 等不是办法，干才有希望。"等靠要"思想最误事、最坏事，

"等"是不担当，"靠"是要滑头，"要"是不作为，都是消极作风。一个实际行动胜过一打纲领。领导干部要有"等不起"的紧迫感、"慢不得"的危机感、"坐不住"的责任感，积极主动干，不当算盘珠子；创新方法干，不做无头苍蝇；注重实效干，不做点水蜻蜓。

2.学会在不张扬中做大事，久久为功。饭要一口一口地吃，事情要一桩一桩地做。任何工作都有一个循序渐进、厚积薄发的过程，急功近利就会犯错误。领导干部要把干事留给自己，把升迁交给组织，做一名潜心静气、埋头苦干的实干家，甘当"铺路石"，跑好"接力赛"，养成久久为功、善作善成的优良作风。

3.多一些微观，少一些宏观。宏观就是从全局角度认识和把握问题，谋大计，抓根本。宏观是必须的，但领导面对的问题都是现实的、具体的，不能仅仅停留在宏观上，更要关注微观、关注细节，以小见大，强调点滴积累。宏观离不开从微观上的深刻洞察和全面把握，脱离实际的宏观只能是"纸上谈兵"。任何事情都要具体，一具体就深入。领导干部养成"具体抓、抓具体"的作风，在落小、落细、落实上下功夫。

4.抓工作贵在精准，成败之举在于精准。天下大事，必作于细，细节决定成败。领导干部要有一丝不苟、精益求精的作风，培养和运用精准思维，把精准的意识和思维贯彻到一切工作中，既学会牵住"牛鼻子"，又做足"绣花"功夫，决不能搞"大呼隆""一刀切""一锅煮"。

5.标准决定质量，只有高标准才有高质量。古语云："取法其上，得乎其中；取法其中，得乎其下；取法其下，法不得也。"标准决定质量，质量关乎成败。领导干部要保持高标准谋划工作、高标准推进工作、高标准评估工作的优良作风，千万不能只求"过得去"、不求"过得硬"。

6. 示范是最好的领导。"风成于上,俗形于下。"榜样是无穷的力量,行动是无声的引领。"政者,正也。子帅以正,孰敢不正?"喊破嗓子不如甩开膀子、干出样子。领导干部要有以身作则的作风,多用"身影"指挥,少用"声音"指挥,用率先垂范来赢得干部群众发自内心的理解、认同和拥护。

7. 激情与理性缺一不可。拥有激情、保持理性是领导干部必不可少的工作作风。没有激情,工作的热情之火就燃烧不起来;没有理性,工作的热情之火就会烧成灰烬。激情过头,难免会陷入狂热,瞎闯胡来,急功冒进,甚至在一厢情愿中好心办了坏事;只讲理性,则难免会过于谨慎,陷于守旧迂腐,干事缩手缩脚,打不开工作局面。

8. 脚上沾多少泥土,对群众就有多少深情。清水在于流动,感情在于走动,干群关系是用脚步丈量出来的。领导干部只有扎根基层,走进百姓中间,才能与群众建立真感情;只有"脚下有泥土,心中有群众",才能赢得群众的好口碑。千万不能当"走读干部""候鸟干部",密切联系群众的优良作风永远不能丢。

9. 大总结有大收获,小总结有小收获,不总结就没有收获。善于总结者,往往能够不断把感性认识升华、发展为理性认识,最终指导实践、取得实效。领导干部要养成多思考、多总结的作风,既总结历史经验,又总结新鲜经验;既总结正面经验,又总结反面经验;既总结自己的经验,又总结别人的经验。

10. 好的家风永远连着好的政风。家风是家庭文化的集中体现。一人不廉,全家不圆。家风连着政风,家风正,则政风清。领导干部要勤修己身、作出示范,严管家人、守住底线,践行好家训、培育好家风、涵养好作风,促进形成清明和畅的党风、政风、民风,涵养风清气正的政治生态。

八、按职能职责做好领导工作

职能，是指人、事物、机构所应有的作用，是指所从事的岗位应发挥的作用。通俗讲，就是应该做什么、不应该做什么。职责，是指从事职务行为应该承担的责任，哪些必须做，哪些不能做。领导干部是党的事业的骨干，是人民的公仆，更应当自觉按职能职责做好领导工作。

1.岗位就是责任，责任重于泰山。岗位是责任的载体，责任是岗位的要求。一个人对岗位的态度，是他的事业心和责任感的具体体现。任用是最大的信任。领导干部被党和人民放在领导岗位上，既是对其的信任，更是赋予其责任，理应在其位、谋其政、尽其责，做到乐业、勤业、精业，切不可把岗位当"休息场所"。

2.聚焦主责主业，按照角色办事。每个岗位都有特定的职能和作用，每个角色都有自己的责任和义务。做好本职工作是最基本的职业道德。人人各安其位、各尽其责，社会才能正常运转。领导干部要种好自己的"责任田"，把本职工作做出色、做精彩，牢记"角色定位"、恪守"角色边界"、明白"角色担当"、忠于"角色使命"，不越位、不缺位、不错位。

3.思路决定出路，想法决定方法。理念是行动的先导，思想是实践的指南。理念、思维、思想不同，决定一个人会走什么样的路、能走多远的路。正确的理念、思维、思想都来自科学的世界观和方法论。解放思想是个宝，思路一变天地宽。领导干部要坚持解放思想、实事求是、与时俱进，努力掌握科学的世界观和方法论，不断增强工作的全面性、系统性、战略性和创造性。

4.抓好班子、带好队伍、管好自己。抓好班子、带好队伍、管好自己，是领导干部的一项重要职责，也是检验领导能力水平的重要指标。火车跑得快，全靠车头带。领导干部抓不出一个坚强有力的领导班子，带不出一支过硬的干部队伍，管不好自己，就会连基本的职能职责都做不好。正人先正己，示范最有力。身体力行作表率，是做好各项工作的重要方法。

5.既要发扬民主，又要善于集中。决策力是领导力的核心。一百个行动也挽回不了一个错误的决策，科学决策至关重要。既重视发扬民主，广泛听取意见建议，又善于集中大多数人的智慧进行拍板决断，才能保证决策科学正确。领导干部要坚持民主集中制，警惕"民主不够"和"集中不力"两种倾向。

6.落实没有借口。领导之要，贵在落实；落实之要，贵在执行。千忙万忙，不落实就是空忙；千招万招，抓落实才是真招。领导干部的落实力最能检验其政治素质和政治品格的高低、精神风貌和工作作风的好坏、能力素质和服务水平的高下。执行力的核心是速度和质量。领导干部抓落实，既要行动快，又要效果好。

7.既尽力而为，又量力而行。尽力而为是本分，是积极的工作态度，体现了责任担当；量力而行，是实事求是，遵循客观规律办事，体现了理智清醒，二者辩证统一、不可分割。尽心尽力才能成事，量力而行才不坏事。领导干部履行职责既要竭尽全力、有所作为，又要因地制宜、量体裁衣，量力而行不蛮干。

8.总揽而不包揽。总揽就是集中精力抓好带有全局性、战略性、根本性和前瞻性的重大问题。将军赶路，不追小兔。事无巨细都亲自过问、亲力亲为，就会陷入事务主义的泥沼，影响领导作用的发挥，甚至贻误事业。领导干部切莫"将手伸得太长"，要善于牵头抓总、抓大放小，抓根本、抓关键。同时，放手绝不是甩手不管。

9.新官要理"旧账"。政贵有恒，责无新旧。政府施行的政策、作出的承诺、承担的职责，不应该随着人事的变动而终止。理好"旧账"，体现的是担当作为的政绩观和务实无私的工作作风，是使命所在、职责所系。领导干部接任新职，不仅要接下岗位、任务，也要接下职责、承诺，债权债务都要无条件承担，主动"认账"，积极"理账"。

10. 不多事不误事不坏事。党的事业集成于事，政府施政体现于事，日常工作维系于事。多事者，没事找事、无事生非；误事者，劳民伤财、误党误国；坏事者，坏自己的事、坏别人的事、坏大家的事。领导干部要干成事，就必须做循吏，不做巧官，守好本职、尽好本分，认真负责、努力工作，严以律己、遵规守纪。

11. 尽可能做到无失误、不延误、零错误。无失误就是不能有疏漏、遗漏和疏忽；不延误就是不能拖延、延迟和耽误；零错误就是不能有任何差错、过错和不正确。这是对领导工作的高要求。要做到这一点，就必须让专业人做专业事，时刻保持在状态，坚持严肃、严格、严谨，无失误；坚持求实、务实、落实，不延误；坚持专心、专业、专注，零错误。

12. 有权不可任性。权力是把双刃剑。任性的权力肯定是破坏公平公正的。任何人都没有法律之外的绝对权力。领导干部手中的权力是党和人民赋予的，只能用来为民服务、为公履职。公权不可私用。必须加强自我修炼，理性看待权力，正确行使权力，做到敬畏权力，权依法使；慎用权力，三思而行；珍惜权力，把握好每一次为民用权、为民谋利的机会。

九、优秀领导干部需要努力具备的基本素质

此谓基本责任，主要指政治、思想、作风、道德品质和知识、

技能等方面所应达到的水平。它是一名优秀领导干部应具有的较为稳定的属性,对领导干部从政行为起到长期的、持续的影响甚至决定作用。优秀的领导干部至少具备以下 20 项基本方法。

1. 崇高的理想信念。理想信念是指引方向的航标灯、修身立业的压舱石。革命理想高于天。有信念信仰的人才是有支撑的人、有力量的人、幸福的人;有信念信仰的干部,才是一个健全的干部、合格的干部。心中有信仰,脚下才有力量。优秀的领导干部必须具有坚定崇高的理想信念。

2. 高尚的道德品质。为官先做人。干部首先要是个好人,连人都做不好,就不适宜当干部、不配当干部。坏人当道,君子道消。古今中外,概莫能外。政德是干部的立身之本、从政之基。优秀领导干部必须明大德、守公德、严私德,牢记初心使命,践行为民宗旨,永葆清廉本色。

3. 积极进取的人生态度。积极态度成就人生高度。积极进取的人生态度是战胜困难和成就事业的重要前提。习近平总书记曾强调:"首先是自己要始终充满激情、充满干劲,这样去干事业,才能更加主动、更加自觉。"[①]优秀的领导干部必须有上进心、事业心,永不懈怠、永不止步。

4. 宽广博大的胸襟。"世界上最宽阔的是海洋,比海洋更宽阔的是天空,比天空更宽阔的是人的胸怀。"无论是做人、做事,还是做官,心胸开阔,才会境界高、格局大,见识广、涵养好。心中能装下多少人,就能领导多少人。优秀的领导干部必须有容人之心、容言之量、容事之器,心系百姓、胸怀天下。

5. 高远的志向追求。器大者声必闳,志高者意必远。志向是人

[①] 习近平:《之江新语》,浙江人民出版社 2007 年版,第 256 页。

前进的方向、求索的航标，志向的高度决定了人生的高度。不要轻易给自己设限，总觉得自己不行，就会真的不行。"胸有凌云志，无高不可攀。"优秀的领导干部必须志存高远，立大志、立远志、做大事，把自己的潜能充分发挥出来，努力开创美好未来。

6. 博爱奉献的精神。博爱是奉献的内在动因，奉献是博爱的行动诠释。大爱无私，奉献为本。孙中山先生曾说："博爱云者，为公爱而非私爱。"博爱是领导干部应有的精神底蕴，奉献是领导干部永恒的底色。优秀的领导干部必须爱党、爱国、爱民、爱家，博爱济众、甘于奉献，乐于为党和人民的事业奉献自己、消耗自己、牺牲自己。

7. 大无畏的英雄气概。习近平总书记指出："一个有希望的民族不能没有英雄，一个有前途的国家不能没有先锋。"[1] 优秀的领导干部要有"粉身碎骨浑不怕"的英雄气概，以勇敢无畏为荣，以消极怕事为耻，从容淡定、宠辱不惊，永葆浩然正气、英勇豪气、昂扬锐气，越是艰难越向前，争做担当英雄。

8. 敢于胜利的信心。拿破仑曾说："胜利不站在智慧的一方，而站在自信的一方。"一个人有了成功的信心，就能勇敢面对所有顺境与逆境，始终保持最佳的身心状态，把全部精力集中到所追求的事业和工作上，就会变得强大、变得非凡，就能战胜一切艰难险阻，取得最后的胜利。优秀的领导干部要履职尽责、担当重任、取得成功，就必须始终保持坚定的信心。

9. 坚韧不拔的意志。任何人都会有苦处，会遇到难事、遇到挫折，任何事也不是随随便便就能取得成功。幸福和成功的背后往往

---

[1] 中共中央党史和文献研究院编：《习近平关于社会主义精神文明建设论述摘编》，中央文献出版社2022年版，第187页。

都是无尽的艰辛和苦难，就像跑马拉松一样，唯有意志坚强的人才能跑完全程。惟坚韧者，始能遂其志。优秀的领导干部要想做事、做成事，必须坚持不懈、百折不挠，守得住清贫、耐得住寂寞、经得住磨难。

10.富有人情味。感人心者，莫先乎情。领导工作是做人的工作，只有将心比心、以心换心才能更好地传递情感、体现关怀、推动工作。人情味是领导干部的一种软实力。领导干部既要有理想，也要接地气，经常换位思考，设身处地地关心、体谅、理解、包容、信任、帮助他人，少一点"官僚气"，多一点"人情味"，但绝不能拿原则换人情。

11.强烈的责任担当。有多大担当才能干多大事业，尽多大责任才会有多大成就。责重如山，有责必担；为官一任，造福一方。衡量一个干部称职不称职、优秀不优秀，不光是看其能力，更要看他是否敢于担当、勇于负责。当领导干部在其位、谋其政、履其职、担其责、成其事，是从政的本分。

12.有思想，肯实干。思想来源于实践，反作用于实践；实践靠思想指导，又促进思想升华。理论是思想中的现实，理论武装前进一步，思想就会提升一步。优秀的领导干部要掌握马克思主义理论这个看家本领，理论强身、见多识广，知行合一、言行一致，既当"思想家"，又当"实干家"。

13.干一行，精一行。习近平总书记指出："要沉下心来干工作，心无旁骛钻业务，干一行、爱一行、精一行。"[①] 无论从事什么职业，只有做精做好才能站稳脚跟、取得成绩。干部就是一块砖，组

[①] 中共中央党史和文献研究院编：《习近平关于全面从严治党论述摘编》(2021年版)，中央文献出版社2021年版，第284页。

织哪里需要就往哪里搬。优秀的领导干部要发扬"工匠精神",练就"两把刷子",把工作做到细致、精致、极致,成为所在领域的行家里手。

14.较强的适应环境能力。适应环境是一种本事、一种能力。不能适应环境的干部不是合格的干部。热爱是适应的前提,融入是真正的适应。领导干部去到一个地方就要爱这个地方、融入这个地方,主动熟悉环境、熟悉工作,融入集体、融入群众,主动高效地开展工作。

15.洞察世事的智慧和能力。世事洞明皆学问。成大事者,必有洞察世事之慧。当干部,要有悟性。没有悟性,不好为官。优秀的领导干部必须熟练掌握马克思主义世界观和方法论,发挥其"望远镜""显微镜"作用,多维度、多角度、多层面观察分析判断问题,透过现象看本质,在思考研究中消化吸收,把感性认识上升为理性认识。

16.懂得合理授权。合理授权是一种领导能力,也是一种领导艺术。事不必躬亲,权不可独掌。当干部不能"大权独揽",要"小权分散"。授之以权,付之以责。领导干部既要善于授权,敢于授权,给予下级充分的信任,又要有导有督,遇到问题给予帮助,充分发挥下级的主动性与创造性,增强集体的凝聚力和战斗力。

17.善于团结合作。人心齐,泰山移。同心山成玉,协力土变金。团结是干事创业的基础,团结出凝聚力、战斗力、生产力。懂团结是大智慧,会团结是大本事,真团结是大境界。领导干部要善于团结合作,不能单打独斗;要互相"补台",不能互相"拆台";要以集体利益为重,少计较个人得失;要团结,不要结"团"。

18.构建和谐融洽的人际关系。万事和为贵,和则百业兴。和谐融洽的人际关系是干好工作、成就事业的重要保证,也是领导力的体现。和谐不是和稀泥,和谐要建立在坚持原则的基础上。当干部,要重视人际关系,尊重上级,团结同事,关心下属,深入群众,切记不可刻意追求人际关系。

19. 求真务实的作风。求真务实,是我们党一以贯之的优良传统和作风,是党的活力之所在,是党的各项事业不断取得新胜利的根本保证。求真务实是共产党人的重要思想方法和工作方法。领导干部必须实事求是、以身作则、率先垂范、说到做到,对上讲真话、报实情,对下察实情、出实招、办实事、求实效,不务虚功、不图虚名。

20. 严格的自律。一个人的素质高低主要体现在自觉自律上。做到严格自律的人才能主宰自己的人生。领导干部越自律,内心就越强大,就能不断突破自我。自律者强,自律者最优秀。当干部就要从严要求自己,做到在任何情况下都能稳得住心神、管得住行为、守得住清白,将自律化为行动,形成习惯,养成自觉。

十、领导干部"三十六忌"

古人云:"凡善怕者,必身有所正,言有所规,行有所止,偶有逾矩,亦不出大格。"领导干部作为手握公权的人,权力越大,责任越重,考验也越多,只有始终保持清醒头脑,常怀敬畏之心、戒惧之意、心有所忌,才能真正做到行有所止,成为一个清醒人、明白人。

1. 忌不守规矩。没有规矩不成方圆,世间万物都有规矩。人不以规矩则废,国不以规矩则乱,党不以规矩则亡。如果没有规矩意识,随心所欲,想怎么干就怎么干,必将成为脱缰的野马,坠入深渊、悔之晚矣。领导干部任何时候任何情况下,都应把规矩当作一种保护，自觉做到不踩底线，不越红线。

2. 忌不切实际。"惟诚可以破天下之伪，惟实可以破天下之虚。"实事求是，一切从实际出发，是做好一切工作的前提和基础。实践是检验真理的唯一标准。好高骛远、夸夸其谈，搞形式主义、官僚主义那一套，有百害无一益。领导干部任何时候都要不驰于空想，不骛于虚声，务实扎实踏实做好每一项工作。

3. 忌言而无信。"人而无信，不知其可也。"诚实有信、恪守信义是每一个人立身做人的基石，更是领导干部的立业为官之本。领导干部如果言而无信、口是心非、口惠而实不至，损害的将是党和政府公信力，丢掉的将是党心民心。领导干部一定要言行一致、表里如一，自觉做到言出必行、行必有果。

4. 忌偏听偏信。古人云："兼听则明，偏听则暗。"广泛听取意见建议，才能科学决策，做好工作。如果偏听偏信、盲目跟风，就不可能全面、客观、真实地了解事物，更不可能作出准确判断。领导干部要注重广开言路、开门纳谏，把各方面的意见听全，既听逆耳之言、也听顺耳之言，既听群众呼声、也听言外之意，做到听得全、听得深、听得准。

5. 忌听风就是雨。习近平总书记强调："对别有用心的人散布的政治谣言和奇谈怪论，我们的党员、干部耳朵根子不要软，不要听风就是雨。"[①] 谣言止于智者。领导干部是"主心骨"，对任何事物都要有主见、有定力，对任何事物都要注重信息对称，善于明辨是非，做到心明眼亮、心中有数，决不能随波逐流、人云亦云，风吹墙头草、想怎么倒就怎么倒。

6. 忌自以为是。知人者智，自知者明。每个人既要坚信"天

---

① 习近平：《论党的宣传思想工作》，中央文献出版社2020年版，第121页。

生我材必有用",始终保持自信,也要有正确的自我认知,知道自己几斤几两、能吃几碗饭、能干多大事,不能太自负。领导干部做人做事要谦虚谨慎、不骄不躁,决不能错把平台当本事、自我感觉良好。

7.忌乱发脾气。乱发脾气,损人也不利己,是一个人修养不够的表现。行事简单粗暴,动辄恶语相向,不仅破坏了团结共事的氛围,还疏远了党同人民群众的血肉联系,给自己的身心也带来不良影响。强大者最温和。领导干部要修炼"每临大事有静气"的境界,注重情绪调适,切不可官升脾气长、有权就任性。

8.忌避实就虚。《孙子》云:"兵之形,避实而击虚。"这本是一种很好的思想方法和工作方法。而这里指的是,有的干部遇到问题就"打太极",回避要害、投机取巧。成功缘于实干,祸患始于空谈。在矛盾面前躲、绕、避只能贻误事业,祸害无穷。领导干部一定要务实、真实、朴实、踏实。

9.忌矛盾上交。古人云:"人而无责,于世何益。"每一个岗位都有每一个岗位的职责。"种好自己的田、守好自己的门、看好自己的人"是领导干部的本职本分。领导干部必须做事不应付、不对付、不当"二传手",做让组织和领导放心的干部。

10.忌抑人扬己。贬低别人、抬高自己是心思不正、心胸狭窄的表现。嫉妒从来不是什么好东西,凡事讲攀比,"恨人有、笑人无",最后只能使自己失衡、失落、失意。欣赏别人,就是成就自己。为自己喝彩是本能,为他人喝彩是胸怀。领导干部要培养甘为人梯的气度,常怀成人之美的心态,换位思考,宽以待人。

11.忌牢骚满腹。"牢骚太盛防肠断。"发牢骚、常抱怨是一种危害极大的负能量,不仅会因心理失衡而干扰工作,还会影响到下属和家人。一个干部牢骚太多,这本身就是思想不纯、境界不高。举大事者不计小怨。领导干部一定要培养虚怀若谷的气量、不计恩怨的雅量。

12. *忌求全责备*。人有悲欢离合，月有阴晴圆缺。任何事物都不可能十全十美、完美无缺，这就是事物的缺憾性。在工作中追求完美、摒弃"差不多"本是对的，但如果"吹毛求疵""鸡蛋里挑骨头"，就会过犹不及。领导干部要善意地对待别人的缺点和失误，做到以责人之心责己，以恕己之心恕人。

13. *忌无端猜疑*。捕风捉影、无中生有是一种心理扭曲。猜疑心重的人永远活在自己狭隘的空间里，总戴着有色眼镜看人看事，觉得事事都不可信、人人都不可交，天天有很多假想敌，自己折腾自己。"君子坦荡荡，小人长戚戚。"领导干部要涵养襟怀坦荡之风，行光明正大之事，做堂堂正正之人。

14. *忌操之过急*。俗话说，心急吃不了热豆腐。事物的发展，都是从量变到质变的过程。如果积累的程度没有达到，求之再切、操之再急，都无济于事，甚至适得其反、南辕北辙。这就是欲速则不达、事缓则圆的道理。沉住气方能成大器。领导干部面对的形势愈是"热"，头脑愈要"冷"，越要沉得住气，善于把握住工作的"火候"。

15. *忌说话办事走极端*。矫枉过正有效果但不是最好效果，一定要掌握度，协调与平衡才是最佳状态。一个干部初到一个地方，就"新官上任三把火"，搞得"鸡飞狗跳"，这就是走极端，实质是私心作怪。领导干部一定要懂得先运转再出彩、先站稳再站高，说话办事懂得常识、把握规律，审时度势、进退有度，决不能钻牛角尖。

16. *忌虎头蛇尾*。"靡不有初，鲜克有终。"做任何事既要开好局、起好步，更要能善始善终、善作善成。干工作光凭"三分钟热度"，三天打鱼两天晒网是绝对不可能做出成绩的。领导干部一定要发扬钉钉子精神，看准了的事就要坚持不懈、一抓到底，不达目标不松劲。

17.忌拉帮结派。古语云："势利之交，难以经远。"山头主义害人害己，永远要不得，也绝对不允许。领导干部要时刻谨记组织才是最大的靠山，人民才是永远的上级，始终对党、对组织、对人民忠诚老实，保持清清爽爽的同志关系，规规矩矩的上下级关系。

18.忌推卸责任。岗位就是责任，有权必有责，有责要担当，既对上负责，也对下负责。勇于担责、履职尽责是领导干部党性的体现，是工作需要、事业需要、人民需要、国家需要、党的需要，是天经地义的事。领导干部要自觉知责、履责、尽责，困难面前不躲闪、责任面前不推卸。

19.忌回避矛盾。问题是时代的声音，矛盾是事物发展的动力。领导工作就是不断发现问题、分析问题、解决问题。遇到问题就"耍滑头"，遇到矛盾就"玩躲避"，就是不负责任、不担当的表现。领导干部一定要敢于直面矛盾、勇于正视问题，善于破解难题。

20.忌玩弄权术。"道"是事物发展的客观规律，"术"是做人做事的方式方法。老子说："有道无术，术尚可求也。有术无道，止于术。"而"权术"则是指倚仗权势玩弄的计谋和手段。"玩火者必自焚。"领导干部一定要多一些道、少一些术，多学"大智慧"、少耍"小聪明"，堂堂正正做人，清清白白做官，规规矩矩做事。

21.忌遇事不耐烦。《道德经》有言："躁则失君。"做好一件事情，激情和耐力缺一不可，厚积薄发方能水到渠成。干部遇事等不得、坐不住、静不下，看似雷厉风行，实则是"不耐烦"的作风病。领导干部干工作一定要有不厌其烦的精神，耐得住性子、稳得住心神。

22.忌刚愎自用。"好问则裕，自用则小。"工作中不愿问樵问渔，更听不得不同意见，做决策自以为是、一意孤行，看起来真理在握、成竹在胸，实则是对党和人民事业不负责任，害人害己害组织。领导干部一定要有宽广的眼界、胸怀和思路，虚怀若谷、从谏如流，可以独树一帜，但不可孤芳自赏。

23.忌消极应付。领导岗位不是休息场所，更不是炫耀和待遇。为官一任，就要造福一方。企图"庸庸碌碌守摊子、浑浑噩噩混日子"，做事大呼隆、得过且过，群众是要戳脊梁骨的。领导干部对待工作，必须树立"没有最好，只有更好"的理念，拿出最讲认真的态度，兢兢业业、努力作为。

24.忌缺乏爱心。孔繁森同志说过："一个人爱的最高境界是爱别人，一个共产党员爱的最高境界是爱人民。"一个不爱党、不爱国，不关心群众冷暖，不体察群众疾苦的人，就不适合当干部，更不可能成为一个好干部。大爱无疆。领导干部必须涵养深厚的爱党情怀、家国情怀、爱民情怀，追求"我将无我，不负人民"的崇高境界。

25.忌患得患失。《论语》云："其未得之也，患得之；既得之，患失之。苟患失之，无所不至矣。"患得患失的本质是私心作祟。得失观影响着人的内在信仰、价值判断和道德良知。能否在得失面前保持清醒头脑，检验一个人的格局境界。领导干部要做到心底无私天地宽，拎着乌纱帽干事，不捂着乌纱帽做官。

26.忌门有杂宾。人活在社会上，不是孤立的、绝缘的封闭体，都需要交往交流。但是，一定要慎重交友、谨慎交往，切不可迎来送往、拉拉扯扯、什么人都交。领导干部更要注重管好自己的"社交圈""朋友圈""生活圈"，构建简简单单、清清爽爽的人际关系，培养好家风、好家教，防止"后院起火"。

27.忌不与时俱进。习近平总书记强调："历史的车轮滚滚向前，跟不上的人必将成为落伍者，必将被历史所淘汰。"①保守者封闭，封闭者保守。墨守成规、因循守旧永远只会带来停滞不前甚至发展的倒退。惟改革者进，惟创新者强。领导干部一定要解放思想、实事求是，因势而变、与时俱进，创新观念、勇闯新路、创造新绩。

28. 忌故步自封。一个不晓得世事的人是当不了干部的。只有"读万卷书，行万里路"，广泛学习、积极实践，才能见多识广、视野宽广。如果整天沉醉在自己的"小圈圈"里，只会孤陋寡闻，成为井底之蛙。领导干部一定要加强学习、研究和实践，广泛涉猎新知识、涉足新领域，加快知识更新、拓宽眼界视野。

29. 忌华而不实。古人云："大人不华，君子务实。"绣花枕头虽好看，只是虚有其表，什么事都不管用。当干部就要出活。我们看一个干部不仅要看说得怎么样，还要看干得怎么样；既要看其显绩，更要看其潜绩。领导干部一定要求真务实、真抓实干，干实事求实效出实绩，杜绝搞形式主义、官僚主义。

30. 忌胆大妄为。小心驶得万年船。凡事小心谨慎，方能行稳致远。胆大妄为的干部是最可怕的，什么话都敢说、什么事都敢做，失去了理性和理智，个人膨胀、肆无忌惮，离毁灭就差一步。领导干部必须做到慎独慎微慎权慎欲，始终按规矩办事、按原则办事、按规律办事，遵守党纪国法，不放纵、不越轨、不逾矩。

31. 忌个性张扬。"世界上没有两片相同的树叶"，每个人都有自己的个性。有个性的干部往往不畏艰难，肯干事、能干事，但是个性过了头，就会成为人生的阻碍。领导干部个性可以有，但不可以张扬，更不能任性。

---

① 习近平：《在纪念孙中山先生诞辰 150 周年大会上的讲话》，人民出版社 2016 年版，第 7 页。

32.忌无原则。明白哪些事能做、哪些事不能做,哪些事该这样做、哪些事该那样做,自觉按原则、按规矩办事。做事讲不讲原则是检验干部党性的试金石。好人主义永远不是什么好主义,奉行好人主义就无法实施有效的领导。当不好选择的时候,坚持原则就是最好的选择,切不可因私废公,拿原则换人情。

33.忌无章法。做事有章法是指思路清晰、条理清楚、措施精准。面对纷繁复杂的工作,只有善于分清主次、轻重缓急,才能把正方向、掌握关键、抓住重点,才能更好地把控工作的节奏、力度和质量,真正做到有条不紊、忙而不乱。领导干部要善于辩证地看待问题,准确把握事物规律,使工作有条理、有章法。

34.忌见子打子。下棋讲究通观全盘,最忌见子打子。干工作也一样,必须要有大局意识、整体意识、全局意识和系统意识。只有自觉把工作放到大局中去思考、定位、筹划,才能"不畏浮云遮望眼",看清大势、洞察全局,做到有的放矢。领导干部身处"帅位",一定要善于提高两三个层次看问题,胸怀全局、把握整体,做到统筹兼顾、思前顾后、取舍有方。

35.忌一言堂。坚持民主集中制是我们党的光荣传统,是我们党的政治优势、组织优势、制度优势、工作优势。充分发扬民主,坚持正确集中,才能集思广益、凝聚智慧,提高谋划质量、减少决策失误。领导干部一定要认真贯彻落实党的民主集中制,强化民主作风,当"班长"不当"家长",搞"群言堂"不搞"一言堂"。

36.忌目光短浅。一个人目光远大,就能眼观寰宇、胸怀天下,从而立大志、做大事,而如果目光如豆、鼠目寸光,必然自私自利、心胸狭隘。领导干部一定要树立战略眼光、世界眼光、长远眼光,登高望远、增长才干,避免少知而迷、无知而乱。

新时代党员干部根本之道

万事万物，皆有其道。"道"，是指世界万事万物的本源、规律、原理和原则。"根本"，是指基础、根基或本质，比喻事物最主要的、起决定性作用的部分。"根本之道"顾名思义，就是指事物中最主要的、起决定性作用的"道"。任何事物的发展都遵循根本之道。党员干部根本之道，就是指党员干部之所以成为党员干部最主要的、起决定性作用的条件、标准和要求。党章规定，"中国共产党党员是中国工人阶级的有共产主义觉悟的先锋战士"，必须履行8个方面的义务。同时，党章规定，"党的干部是党的事业的骨干，是人民的公仆"，必须模范地履行党章规定的"党员的各项义务"，而且必须具备6个方面的基本条件。党员干部任何时候都要牢记根本、抓住根本、遵守根本。结合新时代新使命新任务新要求，提出新时代党员干部必须遵循的11个方面根本之道。

一、坚定信仰之道

1.革命理想高于天。志不立，天下无可成之事。理想信念是共产党人的精神支柱和政治灵魂。没有理想信念，理想信念不坚定，精神上就会得"软骨病"，就会在风雨面前东摇西摆。世界上最快乐的事，莫过于为理想而奋斗。新时代党员干部必须始终高扬理想信念的旗帜，用行动去浇灌理想之花、践行信念之志，做共产主义远大理想和中国特色社会主义共同理想的坚定信仰者和忠实实践者。

2. 心中有信仰，脚下有力量。信仰是信心之源、初心之源、力量之源、定力之源。理想信念一旦入脑入心、铸进灵魂，就会让人超越现实功利去追求心中所向、追求无限伟业，展现出强大的精神力量。有信仰才有战斗力，有信仰的人是最幸福的人。新时代党员干部必须始终不渝坚定理想信念，站稳人民立场，增强政治定力，自觉将理想信念转化为展现新形象、取得新作为的不竭动力。

3. 马克思主义是共产党人的"真经"。无论时代如何变迁、科学如何进步，马克思主义依然显示出科学思想的伟力，依然占据着真理和道义的制高点。马克思主义是共产党人的科学世界观和理想信念之基，辩证唯物主义是我们最重要的思想方法、领导方法、工作方法。背离或放弃马克思主义，我们党就会失去灵魂、迷失方向。新时代党员干部必须坚定马克思主义信仰，学好马克思主义这门必修课，不断提高马克思主义思想觉悟和理论水平，使马克思主义世界观在灵魂深处扎根。

4. 真"信马"，才能真"姓马"。心有所信，方能行远。真"信马"，就是真诚地信奉马克思主义；而真"姓马"，是指一种身份属性，即党员干部作为党的一员，必须是真正的马克思主义者。"姓马"只是"表"，"信马"才是"里"。如果不是从内心深处笃信马克思主义，而是喊在口头上、用作"装饰品"，那"姓马"就空有虚名。新时代党员干部必须真"信马"，在思想深处、内心深处、灵魂深处做到对马克思主义虔诚而执着、至信而深厚，刻骨铭心进头脑、终身践行见行动，不断彰显"姓马"属性。

5. 坚定理想信念的"主心骨"，筑就"四个自信"的"压舱石"。信念不牢地动山摇，自信不足随波漂浮。只有坚定理想信念，才有安身立命的根本；只有筑牢"四个自信"，才能保持战略定力、坚持不懈奋斗，做到"风雨不动安如山"。新时代党员干部既要立得住，又要稳得住，必须理直气壮坚定理想信念，不断筑牢"四个自信"，永远保持对远大理想和奋斗目标的清醒认知和执着追求，毫不动摇坚持中国特色社会主义，丝毫不能有二心。

6.坚持用习近平新时代中国特色社会主义思想武装头脑。习近平新时代中国特色社会主义思想是新时代中国共产党的思想旗帜，是统一全党意志的"定盘星"、是廓清思想迷雾的"指南针"、是解决实际问题的"金钥匙"，为实现中华民族伟大复兴提供了行动指南。新时代党员干部必须深入学习贯彻习近平新时代中国特色社会主义思想，真学真懂真用，学深悟透、入脑入心，知其然更知其所以然，做到学思用贯通、知信行统一，切实把学习成效转化为工作实效。

二、对党忠诚之道

1.对党要绝对忠诚，关键在"绝对"。对党绝对忠诚，是党员干部的首要政治原则、首要政治本色、首要政治品质。习近平总书记强调："对党绝对忠诚要害在'绝对'两个字，就是唯一的、彻底的、无条件的、不掺任何杂质的、没有任何水分的忠诚。"[1]忠诚不绝对，就是绝对不忠诚。新时代党员干部必须牢牢坚守对党忠诚的"100%"，爱党全心全意、忧党殚精竭虑、兴党不遗余力、护党矢志不渝，绝不能三心二意。

2.第一身份是共产党员，第一职责是为党工作，第一使命是为

---

[1] 中共中央党史和文献研究院编:《习近平关于全面从严治党论述摘编》(2021年版)，中央文献出版社2021年版，第98页。

党奋斗。每一名党员自入党那天起,个人命运就同党的命运血脉相融。党员不仅仅是身份标识,更意味着使命担当。新时代党员干部必须时刻牢记"入党为什么、在党干什么、为党留什么",用党性守护誓言、用奉献扛起责任、用奋斗践行使命,始终与党同心同德、同向同行。

3. 以党的旗帜为旗帜,以党的意志为意志,以党的使命为使命。党政军民学,东西南北中,党是领导一切的。党和国家的全部事业都建立在中国共产党领导这个基础之上,都根植于这个最本质特征和最大优势之上。没有党的领导,民族解放、民族复兴就是空想。新时代党员干部必须始终在思想上政治上行动上与党中央保持高度一致,坚定不移听党话,一心一意跟党走,切实把坚持和加强党的全面领导贯彻落实到工作全过程、各方面。

4. 党员干部的身份不是一阵子坚持,而是一辈子坚守。入了党的门,就是党的人。组织入党一生一次,思想入党一生一世,只有起点,没有终点,是一个长期持久的过程。共产党员只要加入了党组织,就有了政治身份,就必须保持共产党人政治身份永远不褪色、不淡化。干部身份有退休,党员身份无期限。新时代党员干部必须增强身份意识,时刻不忘党员义务和身份,以身许党、以身许国,终身奉献于党的事业,永葆赤诚底色。

5. 事业是考题,忠诚是答案。评价一个干部,不仅要看他怎么说,还要看他怎么做,更要看他推动事业发展做得怎么样。事业最能检验党员干部忠诚度。如果没有忠诚或忠诚不纯粹、不牢固,就会不想干事、不思进取,贻误党和人民的事业。伟大事业是时代之卷,忠诚奋斗是唯一答案。新时代党员干部必须永葆对党和人民的无限忠诚,始终如一、不懈奋斗,以绝对忠诚答好事业这张考卷,在干事创业中践行对党绝对忠诚。

三、政治过硬之道

1.讲政治是第一要求,政治标准是第一标准。政治问题任何时候都是根本性的大问题,关乎党的前途命运,关乎事业兴衰成败。讲政治是党员干部的首要素质和立身之本。这一条不过关,其他都不过关,能力再大也不是我们需要的好干部。讲政治是具体的,不是抽象的、空洞的。新时代党员干部必须始终坚持政治首位,自觉把讲政治贯穿于履职尽责全过程,任何时候、任何情况下都做到政治信仰不变、政治立场不偏、政治方向不移。

2.没有正确的政治观点,就等于没有灵魂。政治观点是人们对政治问题的理性认识,在党员干部的思想、工作中起着核心、统帅作用。正确的政治观点是讲政治的必备条件,始终坚持正确的政治观点,才是政治上的明白人。新时代党员干部必须树立正确的政治观点,用好马克思主义立场观点方法,增强辨别是非的能力,善于从政治高度、运用政治思维认识和处理问题,提高工作的原则性、系统性、预见性、创造性。

3.理论上清醒,政治上才能坚定。没有革命的理论就没有革命的行动,保持理论上的清醒是党员干部政治坚定的前提和基础。只有在理论上真学真懂真信真用,在理论问题大是大非上不含糊、不糊涂、不动摇,才能在政治上成熟和坚定。很多干部出问题,就是世界观、人生观、价值观出了问题。新时代党员干部必须不断强化理论武装,真学常学深学,学思践悟、真信笃行,把理论的力量转化为坚定的政治信仰。

4.政治能力是第一能力。政治能力是把握方向、把握大势、把握全局的能力,对其他能力的性质和方向有决定性影响,是党员干部各种能力中的核心能力。政治能力不强，其他方面的能力再强，也是靠不住的。党组织看干部，首先就是看政治能力强不强。新时代党员干部必须自觉加强政治历练，积累政治经验，不断提高把握方向、把握大局大势的能力，使自己的政治能力与担任的领导职责相匹配。

5. 始终把政治纪律和政治规矩挺在前面。习近平总书记强调，"党的纪律是多方面的，但政治纪律是最重要、最根本、最关键的纪律"[1]。没有政治上的规矩不能成其为政党，也无法维护党的团结统一。严明党的纪律，首先要严明政治纪律。新时代党员干部必须强化自我约束，坚持纪严于法、纪在法前，把严守政治纪律和政治规矩放在首位，做政治纪律和政治规矩的坚决捍卫者，绝不越"雷池"一步。

6. 政治任务就是目标，政治要求就是方向。有任务才有目标，有要求才有方向。只有始终围绕目标，工作推进才能更加有力有序；只有坚持正确方向，工作才能不跑偏不走样。党中央的决策部署是最重要的政治任务，"两个维护"是最根本的政治要求，两者是内在统一的。新时代党员干部必须坚决履行党和人民赋予的政治任务，坚决落实政治要求，不打折扣、不搞变通，确保各项工作方向准、路线对、成效足。

7. 政治上的动摇是最危险的动摇，政治上的失守是最致命的失守，政治上的溃败是最全面的溃败。政治上的先进性，是马克思主义政党的突出特点和优势。如果丧失了政治上的先进性，党的先进性和纯洁性就无从谈起。政治上出问题，是比腐败更严重的问题。

---

[1] 中共中央党史和文献研究院编：《习近平关于依规治党论述摘编》，中央文献出版社2022年版，第23页。

政治上有问题的人,能力越强、职位越高,危害就越大。新时代党员干部必须增强政治鉴别力、政治免疫力、防范政治风险的能力,始终政治过硬,做永不锈蚀的"政治钢铁"。

四、为民服务之道

1. 人民是我们党执政的最大底气。人民群众是历史的创造者。我们党来自人民、根植人民,为人民而生、因人民而兴。老百姓是天,老百姓是地,老百姓是党员干部最大的靠山、最大的底气。如果失去了人民的拥护和支持,党的事业和工作就无从谈起。人民性是中国共产党最鲜明的底色。新时代党员干部必须始终把人民放在心中最高位置,尊重人民群众的历史主体地位,牢记我是谁、为了谁、依靠谁,坚持一切依靠人民、一切为了人民,与人民心心相印、同甘共苦、团结奋斗。

2. 人民的幸福就是共产党的事业。习近平总书记指出:"共产党就是为人民服务的,就是为老百姓办事的,让老百姓生活更幸福就是共产党的事业。"[1] 为民谋利、为民造福既是政治立场,又是根本要求,深刻彰显和检验着共产党人的初心使命。我们党所做的一切工作都是为了人民幸福。新时代党员干部必须坚持以民为先、公字当头,珍惜每个为人民服务的岗位和机会,真正做到为人民幸福服务一辈子、奉献一辈子。

3. 坚持人民立场不动摇,始终把人民对美好生活的向往作为奋斗目标。立场不牢,地动山摇。为什么人的问题,是检验一个政党、

---

[1] 《开创富民兴陇新局面——习近平总书记甘肃考察纪实》,《人民日报》2019年8月24日。

一个政权性质的试金石。人民立场是中国共产党的根本政治立场。只有坚持人民立场不动摇，才能始终做到一心向民、无私奉献。人民向往无止境，党员奋斗不止步。新时代党员干部必须站稳人民立场，坚持人民向往什么，我们就干什么，多干让人民满意的好事实事，不断满足人民对美好生活的向往。

4. 一枝一叶总关情，为民情怀最动人。群众利益无小事，"枝叶"之处见情怀。人民群众在党员干部心中的"分量"，称出的是党员干部的"情怀"，折射出的是党员干部的"党性"。意莫高于爱民。新时代党员干部要始终把群众的"小事"当成自己的"大事"，时刻用情、用心、用力，从点滴做起、从身边做起，真情实意为群众谋利益、解烦忧。

5. 用脚丈量基层，用心思量民情。群众路线是党的生命线和根本工作路线。深入群众鱼得水，脱离群众树断根。脱离基层，脚就会落空；不解民情，心就会迷茫。脚下沾有多少泥土，心中就有多少热情。只有了解基层真实情况，我们的工作才会更有成效。新时代党员干部必须深入基层、融入群众，认真倾听群众心声、用心感受民情，始终与群众心贴心、情连情。

6. 我将无我，不负人民。习近平总书记说："我愿意做到一个'无我'的状态，为中国的发展奉献自己。"[1]"无我"强调的是毫无私利、克己奉公，追求的是忧国忧民、牺牲奉献。只有无我才能无私、无畏、无憾，也才能真正做到全心全意为人民服务。新时代党员干部必须一心为民、无私无我，时刻以国家利益为重、以人民幸福为念，心甘情愿为党和人民的事业消耗自己的时间、精力、身体乃至生命，勇于为党和人民牺牲一切。

---

[1] 《习近平著作选读》第 2 卷，人民出版社 2023 年版，第 250 页。

7. 把不忘初心、牢记使命作为终身课题。初心和使命是中国共产党人的政治宣言，是我们的根和魂，是激励中国共产党人不断前进的根本动力。不忘初心方能行稳致远，牢记使命才能开辟未来。如果我们忘记了当初为什么出发、为什么奋斗，就不能正确对待现实，也就没有未来。新时代党员干部必须恪守党员本色，以坚定的理想信念坚守初心，以不懈的自我革命担当历史重任，以实干实效实绩践行初心使命。

五、修身立德之道

1. 有德才有得，有诚才有成。人无德不立，官无德不为。立德守诚是从政之基础。如果官德不修、背信弃义，不仅败坏党的形象、损害政风民风，还会使自己身败名裂，结果只能一无所获、一无所成、一无所有。新时代党员干部必须加强道德修养，坚守正道、诚实守信，带头弘扬和践行社会主义核心价值观，真正成为党和人民需要的好干部。

2. 做老实人不吃亏。拙诚可以胜百巧。老实人才是世界上最聪明的人，干事一步一个脚印，做人踏实本分，看似慢了些，其实一生平稳，不会行差踏错，才是真正的不吃亏。偷奸耍滑、小聪明，最终都是得不偿失。做任何事情，没有老老实实的态度都是不行的。新时代党员干部必须说老实话、办老实事、做老实人，肯下"笨功夫"、愿坐"冷板凳"，踏踏实实才能做出扎扎实实的成绩来。

3. 为人要有品德，做事要有品质，生活要有品位。高标准才有高品质。一个对自我要求严格的人，品德方面必然是追求最高线，做事上要经得起考验，生活中追求的也是高尚的品位，能够始终向上向善，保持内心的善良与纯净。如果只求"过得去"，不求"过得硬",底线就很容易失守。新时代党员干部必须把立德与立行结合起来,划定高线,朝着最优努力,做品德高尚的人,干有高品质的事,活出高品位大境界。

4.孝道是人生最上的德绩。天地之性,人为贵;人之行,莫大于孝。孝是中华民族的传统美德,是做人最基本的要求和底线。百善孝为先,一个人如果对父母都不孝敬,指望他为国家、为民族、为人民作贡献,那无异于天方夜谭。当好官,就是对父母最大的孝。新时代党员干部必须常修为孝之德,赡养父母有孝心、善待妻儿有爱心,推己及人,把人与人的关爱之情延伸至整个社会和国家。

5.当有大格局大境界大胸怀。格局带来境界,境界撑大胸怀。大格局、大境界、大胸怀是一代又一代共产党人砥砺传承的精气神,也是优秀党员干部成长成才的必备素质。如果格局境界太小,心里只是装着自己的"一亩三分地",就只能固守狭小的利益藩篱,路也会越走越窄。新时代党员干部必须坚定革命理想,注重学习思考,强化实践磨炼,严格自律自省,不断涵养大格局大境界大胸怀。

6.讲政德、守公德、严私德。领导干部要讲政德。政德是整个社会道德建设的风向标,是干部必须恪守的职业道德、必须保持的政治操守,在道德建设中处于先导位置。好人不一定能做官,但当干部一定要首先是个好人。没有良好的道德品质和思想修养,即使知识再丰富、学问再高,也难成大器。道不可坐论,德不可空谈。新时代党员干部必须上好道德修养这一人生必修课,把道德修养落到实处,不断强化自律自省,戒贪止欲、克己奉公。

六、终身学习之道

1.不管多大的官,不读书便不过是一介俗吏。学者非必为仕,而仕者必为学。领导干部学习不学习不仅仅是自己的事情，而是关乎党的形象和国家事业发展的大事。善于读书，就是善于进步。书读多了，气质自然改变。新时代党员干部必须永怀读书和思索的慧根，常读书、多读书、读好书，多些书卷气，少些烟酒气，不断求得真学问，练就真本领。

2. 构建自己基本的知识体系，广识而不乏其专。知识形成体系，犹如老虎插上翅膀。合理的知识体系就像蜘蛛网，能够把不同的知识点有规则地串联起来，形成思维闭环。各级党政领导干部不管在哪个岗位，都必须具备基本的知识体系。学习则是构建知识体系的最有效途径。新时代党员干部必须博学多思，丰富知识储备，逐步构建与时俱进的知识体系，努力成为"又博又专"的干部。

3. 学习是唯一只赚不赔的投资，可以使自己不断增值。学习是一个人不断自我完善的过程，可以让心灵得到安宁，可以使灵魂不受干扰，可以让人遇见更好的自己。在学习上的每一次投入付出，都将内化为自身的能力素质，成为成长进步的阶梯。学习力是一个人的核心竞争力。事有所成，必学有所成。新时代党员干部必须重视学习、善于学习，带着问题学，在学习与工作的良性互动中不断超越自我、成就事业。

4. 工作学习化，学习工作化。学习和工作是融会贯通的整体，学习促进工作，工作引领学习，两者具有高度的契合性。离开工作的学习必定空洞无物，而缺少学习的工作必定是低层次的重复劳动。唯有把学习和工作有机结合起来，才能发挥出最大效能。新时代党员干部必须坚持干中学、学中干，始终在研究状态下学习和工作，做到学习和工作两手抓、两不误、两促进。

5. 学而不用等于没学，学习的目的全在于运用。习近平总书记指出："一个人如果不注重把学到的知识运用到工作中、落实在行动上，即使他'学富五车、才高八斗',也不能说达到了学习的最终目的。"①读书的目的在于运用,知识的价值在于转化。离开了实践运用,学习也就毫无意义。新时代党员干部不仅要爱学习、会学习,更要学以致用,及时把学到的知识运用于实践,用工作成果检验学习成效。

6. 学无止境,不断学习是成功领导的终身承诺。知识是在不断更新的,学习也必须及时跟进,否则就很容易落后于时代。古往今来,凡成就大事业者,无不是终身学习的典范。只有坚持学习、一直学习,加快知识更新、拓宽眼界和视野,才能赢得主动、赢得优势、赢得未来。抵制学习、抵制组织的教育,就是懈怠、抛锚、出问题的开始。学习不是一朝一夕的事,新时代党员干部必须把学习当作一种生活方式,从"学一阵"变为"学一生",活到老、学到老、改造到老,终身学习。

七、能力本领之道

1. 绳短不能汲深井,浅水难以负大舟。不患人之不己知,患其不能也。一个人如果没有较强的能力本领、素质实力,就难堪大任,即使机会摆在面前,也抓不住。真担当要有真本领,干事业要有硬功夫。新时代党员干部必须在摸爬滚打中增长才干,在层层历练中积累经验,不断补齐本领上的短板、能力上的不足,克服本领恐慌,争做疾风劲草。

2. 官升未必水平涨,权重未必本领强。能力本领没有生而知之,更没有"升而知之",既不是天生的,也不会随着职位的提升而自然

---

① 《读书何为》,《人民日报》2016年4月21日。

增长。倘若职务上稍有进步，就自我感觉良好，躺在"功劳簿"上睡大觉，那是会出大问题的。新时代党员干部必须全面提升履职尽责能力，练就一手"绝活"、几把"刷子"，不断进步、不断超越，把工作做出彩，把人生活精彩。

3. 必须掌握"八种本领"[①]。政治过硬必须有高强的本领作支撑，否则，政治就会成为空头政治。"八种本领"是一个逻辑严密的科学体系，具有丰富的内涵，是领导干部的基本功。只有基本功扎实，工作才能平稳运行，才有可能出新出彩。新时代党员干部必须学深悟透"八种本领"，提升基本能力、基本素质，以"八种本领"推动经济社会高质量跨越式发展。

4. 没有金刚钻，揽不了瓷器活。很多同志有做好工作的真诚愿望，也有干劲，但缺乏新形势下做好工作的本领，结果是虽然做了工作，有时做得还很辛苦，但不是不对路子，就是事与愿违。没有能力本领这把"利器"，干事创业说到底也是假把式、空架子。软肩担不起硬担子，有真本事才有真勇气。新时代党员干部必须把学习、实践贯穿领导工作全过程各方面，在干事中长本事、在历练中变老练，挑起硬担子，当好时代的劲草、真金。

5. 既要当"专家"，也要当"杂家"。业精才能成事，博学方能多才。专业和博学是辩证统一、相互支撑、相辅相成的。专博相济，才能本领高强，办事才会更有成效。新时代党员干部必须发扬工匠精神，聚精会神攻主业，成为行家里手、内行领导，也要博学多闻、开阔思路眼界，做工作的"多面手"，成为复合型人才。

6. 发扬斗争精神，增强斗争本领。有矛盾就有斗争，有斗争才

[①] 八种本领：学习本领、政治领导本领、改革创新本领、科学发展本领、依法执政本领、群众工作本领、狠抓落实本领、驾驭风险本领。

会有胜利。敢于斗争、敢于胜利，是中国共产党一贯遵循的原则。新时代坚持和发展中国特色社会主义是一场伟大社会革命，必须时刻进行具有许多新的历史特点的伟大斗争。新时代党员干部必须始终保持敢于斗争的英雄气魄，讲究策略方法和斗争艺术，牢牢把握斗争主动权，追求斗争效果最大化。

八、作风养成之道

1. 作风问题本质上是党性问题。党性决定作风，作风彰显党性。有什么样的党性，就有什么样的作风，绝没有党性强而作风不正、作风正而党性弱的组织和党员。作风问题无小事，关系人心向背，关系党的生死存亡。新时代党员干部必须从党性高度抓作风，在思想上返璞归真，在党性上固本培元，以纯洁的党性统领作风。

2. 共产党人最讲认真。你不认真对事，事就不认真对你。党的性质、宗旨决定了我们的工作态度、工作方法、工作过程必须最讲认真。干部多认真一分，群众就多认可一分。新时代党员干部必须把最讲认真贯穿于为人民服务的全过程，锤炼最讲认真的政治品格，以细求实、以深求精，从细节中弥补疏漏，把小事做精致，把大事做精彩。

3. 说实话，办实事，求实效。大人不华，君子务实。习近平总书记指出，"唯有秉持求真务实精神，才能探究更多未知，才能获得更多真理，也才能为社会作出更大贡献"[1]。否则一言不实，百事皆虚。"三严三实"是我们永远的座右铭。新时代党员干部必须把求真务实作为干事创业的作风要求，不求虚名、不务虚功，实事求是、

---

[1] 习近平：《论坚持人民当家作主》，中央文献出版社2021年版，第155页。

脚踏实地，把职责范围内的工作抓实抓好抓到位，努力创造出经得起检验的实绩。

4. 调查研究是谋事之基、成事之道。调查研究是理论与实践相结合的基本环节，是我们党取得成功的重要法宝，是做好领导工作的基本功。没有调查就没有发言权，更没有决策权。新时代党员干部必须积极探索新时代调查研究工作的特点和规律，既要调查、又要研究，促进调研成果转化为政策建议，推动事业不断向前发展。

5. 不解决问题就是最大的形式主义，不化解矛盾就是最大的官僚主义。问题是时代的声音，解决问题是对时代的回应。我们党领导人民干革命、搞建设、抓改革，从来都是为了解决中国的现实问题。领导工作的过程就是发现问题、解决问题的过程。有问题不可怕，怕的是缺乏问题意识、看不到问题。干工作必须瞄着问题去、迎着问题干，善于抓主要矛盾和矛盾的主要方面，切实解决问题、化解矛盾、推动工作。

6. 改进作风绝非一日之功，一曝十寒只能隔靴搔痒。作风建设是攻坚战，也是持久战。缺乏常抓的韧劲、严抓的耐心，缺乏管长远、固根本的制度，作风建设就会陷入"一抓就好转、一松就反弹"的怪圈。新时代党员干部改进作风思想不能疲、劲头不能松、措施不能软，必须坚持真刀真枪、动真碰硬，在从严从紧从实上求深入见实效，推动新时代作风建设展现新气象，取得新成效。

九、担当尽责之道

1. 为官避事平生耻，重任千钧惟担当。欲戴其冠，必承其重。有权必有责，有责要担当。权力越大，承担的责任也就越大。如果只想当官不想干事、只想揽权不想担责、只想出彩不想出力，就不配当干部。担当是干部题中应有之义，为官一任，就应造福一方。新时代党员干部必须勇挑重担，以攻坚克难的勇气，引领担当作为的风气，事不避难、义不避责，创造出无愧于新时代的业绩。

2. 有多大担当才能干多大事业，尽多大责任才会有多大成就。担当大小，体现着党员干部的胸怀、勇气、格局。真将帅必有真担当，真担当就要真尽责。是否具有担当精神，是否能够忠诚履责、尽心尽责、勇于担责，是检验每一个领导干部身上是否真正体现了共产党人先进性和纯洁性的重要方面。新时代党员干部必须自觉增强事业心、责任感，担当尽责、冲锋在前，在急难险重任务中百炼成钢。

3. 千担当，万担当，不履责就是没担当。责任重于泰山，事业任重道远，责任担当是领导干部必备的基本素质。敢于负责任，才能担重任。新时代党员干部必须知责、明责、负责、担责、尽责，担起该担当的责任，以责任激发工作积极性、主动性和创造性。

4. 责任有大小，责任心无大小。一个人成就的大小，很大程度上取决于他事业心、责任感的强弱。没有做不好的工作，只有不负责任的人。责任使一个人坚持、长久，活在责任中是人生的最大价值和意义。有多负责，才会有多优秀。新时代党员干部必须始终做到人在岗上、身在事上、心在责上，恪尽职守、夙夜在公，肩负好职责使命，做好应该做的工作。

5. 守土有责，守土负责，守土尽责。习近平总书记曾说过，"组织上让我们当领导干部，就是派我们在这里站岗放哨，这叫守土有责"[1]。尽管职责分工、所处岗位有所不同，但无论所居何职、所事何业，都有不可推卸的责任。履职尽责是每一名党员干部的为政本分。

---

[1] 习近平:《之江新语》，浙江人民出版社2007年版，第115页。

从政之道

新时代党员干部必须自觉守好"责任田",把责任扛在肩上,把使命放在心中,按职能职责办事,思为、敢为、有为,保一方平安,强一方经济,富一方百姓。

6. 既要对上负责,也要对下负责。对上负责,就是对上级领导机关负责;对下负责,就是对人民群众负责。对上负责与对下负责从来都是统一的、不可分割的。利民为本,令行为上。为党分忧、为民尽责是党员干部的天职。新时代党员干部必须吃透上情、摸透下情,把对上负责与对下负责有机统一起来,让党心民意相映生辉,让事业发展所向披靡,把政通人和的善治理想变为现实。

十、干事创业之道

1. 不干,半点马克思主义都没有。大道至简,实干为要。习近平总书记反复强调:"社会主义是干出来的,新时代也是干出来的。"[①] 见之不若知之,知之不若行之。干部干部,就是要能干事、干成事。新时代是奋斗者的时代,党员干部必须以实干为荣,用实绩说话,不采华名、不兴伪事,脚踏实地、真抓实干,干一件事就成一件事,努力干出个样子来、干出个幸福来。

2. 干一行爱一行,做一行精一行。心贵于诚,业贵于专。敬业、爱业、精业是对党员干部的基本要求,敬业方能爱业,爱业才能精业。这既是中华民族的优良传统,也是每个公民服务社会、履职尽责的基本要求。隔行如隔山,但隔行不隔理。革命干部是块砖,哪里需要哪里搬。不是因为喜欢什么就干什么,想到哪里就去哪里,而是干了什么就热爱什么,到了哪里就爱哪里。新时代党员干部必

[①] 《习近平书信选集》第1卷,中央文献出版社2022年版,第170页。

须把工作当事业，发扬钻挤精神，全心、全情、全力投入，把工作做到细致、精致、极致。

3. 想干愿干积极干，能干会干善于干。愿不愿干事、能不能干成事是评判一名党员干部是否合格的重要标尺。无论干事创业还是攻坚克难，不仅需要宽肩膀，也需要铁肩膀；不仅需要政治过硬，也需要本领高强。新时代党员干部必须把努力干事当作人生追求，增强"为官有为"的真自觉，练就"为官会为"的硬本领，通过思想淬炼、政治历练、实践锻炼、专业训练，不断补齐知识短板、能力弱项、经验盲区，展现"为官善为"的新形象。

4. 事成于和睦，力量生于团结。积力之所举，则无不胜也；众智之所为，则无不成也。团结协作是每个党员干部必须遵从的党性原则，是成就事业的必然要求。懂团结是真聪明，会团结是真本领，团结越紧力量越大。新时代党员干部必须树牢合作共赢的意识，把团结协作作为基本政治素质，任何时候都带头讲团结，善于团结一切可以团结的力量，寻求最大公约数，画好最大同心圆，营造同志之间坦诚相待、宽松和谐、团结共事的氛围。

5. 喊破嗓子几人听，做出样子众人跟。人不率则不从，身不先则不信。自身硬气才有公信力，以身作则才有感召力。否则，"声音"再大，嗓门再高，说话也不会有人听，办事也不会有人跟。一个行动胜过一打纲领，一个示范胜过千言万语。新时代党员干部必须时时带头、事事表率，多用"身影"影响人，少用"声音"指挥人，变指派命令为行为感召，形成强有力的示范，凝聚起强大人心，推动事业向前发展。

6. 善于运用法治思维和法治方式开展工作。奉法者强则国强，奉法者弱则国弱。依法执政是最可靠、最稳定和最可持续的治理方式，离开了法治，一切将无从谈起，个人也可能踩"红线"、越"底线"。法定职权必须为,法无授权不可为。新时代党员干部必须树牢法治理念,带头学法尊法守法用法,自觉在法治之下想问题、作决策、办事情,不断提高科学执政、民主执政、依法执政水平。

7. 在危机中育新机,于变局中开新局。任何事物都有两面性,"危"和"机"总是同生并存的,克服了"危"即是"机"。习近平总书记强调,面对危机"要深入分析,全面权衡,准确识变、科学应变、主动求变,善于从眼前的危机、眼前的困难中捕捉和创造机遇"[①]。新时代党员干部必须保持战略定力,增强预见性,准确识变、科学应变、主动求变,努力把危机化在产生之前,以变求新、求进、求突破。

8. 功成不必在我,建功必定有我。"功成"在谁不重要,"功成有我"方可贵。出"功成"之力,而不求"功成"之誉,是中国共产党人的鲜明品格。如果急于求成、激进冒进,则有可能劳民伤财、得不偿失。新时代党员干部必须在干事创业中不断修炼大格局,看清名利、看轻名利,不贪一时之功,不图一时之名,甘于做铺垫性的工作,一任接着一任干,一张蓝图绘到底。

十一、清正廉洁之道

1. 清正廉洁是最根本的能力。廉洁是一种正义和威慑的力量,从政为官必须蓄积这股力量。一个人廉洁自律不过关,做人就没有骨气。廉洁受人敬,贪赃法不容。清正廉洁是为官从政的基本底线,也是党员干部最根本的能力,这个能力不过硬,其他能力都等于零。

[①] 中共中央党史和文献研究院编:《习近平关于防范风险挑战、应对突发事件论述摘编》,中央文献出版社 2020 年版,第 224—225 页。

廉以养德，无欲则刚。新时代党员干部必须在廉洁自律上作表率，任何时候都稳得住心神、管得住行为、守得住清白，炼就"金刚不坏之身"。

2. 从政者最大的危机和风险，就是公权私用。"政在去私，私不去则公道亡。"我们的权力是党和人民赋予的，姓公不姓私，只能用来为党分忧、为国干事、为民谋利。公权私用，损害的是党的形象和党员干部的个人威信，很容易走向腐败犯罪，最终坠入灭亡的深渊。心底无私天地宽。新时代党员干部必须摒弃私心杂念，让权力回归本源、公器回归本质，大公无私、公私分明、先公后私、公而忘私，始终做到依法用权、秉公用权、廉洁用权。

3. 法纪面前没有特权。哪里有特权，哪里就有不公，哪里就会滋生腐败。"法不阿贵，绳不挠曲。"法纪面前人人平等，遵守法律没有特权，执行纪律没有意外。干部就要坦然地、自觉地接受组织监督，这是一种政治要求，也是一种政治素养。任何想要超越法纪之外搞特权的人，最终都逃不脱党纪国法的严惩。新时代党员干部必须自觉摒弃特权思想，高悬法纪明镜，紧握法纪戒尺，立"明规矩"、破"潜规则"，把遵纪守法作为为官从政的底线、安身立命的根本，心有所戒、行有所止。

4. 廉以修身，廉以持家。一人不廉，全家不圆。家既可以是幸福温馨的港湾，也可能成为滋生祸患、催生腐败的温床。人要走正道、行正事，修好身、齐好家是基本前提。习近平总书记强调，党员干部"要做到廉以修身、廉以持家，培育良好家风"[①]。新时代党员干部必须把修身、持家摆在重要位置，以修身涵养官德、以官德淳

---

① 中共中央党史和文献研究院编：《习近平关于全面从严治党论述摘编》（2021年版），中央文献出版社2021年版，第327页。

化家风，真正守好家庭廉洁堤坝，建好幸福美满家庭。

5. 自己不打倒自己，谁也打不倒你。内不腐则虫无以生，自身过硬才能百毒不侵。习近平总书记指出："一个人能否廉洁自律，最大的诱惑是自己，最难战胜的敌人也是自己。"[1] 党员干部清正廉洁就是保全自己，手握公权，稍有不慎，就有可能误入歧途、被拖"下水"，不仅要他律，更要自律。新时代党员干部必须筑牢思想防线，杜绝侥幸心理，凡事多从自身找原因，勇于革除自身"病症"，从小节、小事、"小意思"严起，慎独慎初慎微，做到有权不任性，律己不放松。

6. 不要人夸颜色好，只留清气满乾坤。共产党人不求清誉、不尚清谈，为官从政，不是为了获得赞美，而是要留下实实在在的政绩和一身正气。这是中国共产党人的人生态度和高尚的情操、博大的胸怀。"政声人去后，民意闲谈中"，为官从政政绩如何、名声好坏，人民群众最清楚。新时代党员干部必须扑下身子、苦干实干，创造出经得起实践、人民、历史检验的政绩，赢得广大人民群众的信任和拥护。

---

[1] 中共中央党史和文献研究院编：《习近平关于全面从严治党论述摘编》（2021年版），中央文献出版社2021年版，第364页。

新时代的好干部是怎样造就的

习近平总书记强调:"办好中国的事情,关键在党,关键在人,关键在人才。"[①] 党的十八大以来,习近平总书记立足"两个大局",围绕培养选拔党和人民需要的好干部,鲜明提出了新时期好干部"20字"标准,为怎样造就好干部指明了正确方向、提供了根本遵循。新时代的好干部不会自然生成,一要靠自身努力,二要靠组织培养。从干部自身层面来讲,个人努力是内因、是关键,必须切实增强勤学、实干、自律的思想自觉和行动自觉;从组织层面来讲,组织培养是外因、是保障,必须加强教育、持续激励、严格监督管理。因此,造就新时代的好干部,既要靠学出来、干出来、自律出来,也要靠教育出来、夸出来、监督出来。

一、好干部是学出来的

1.学习力是核心竞争力。好学才能上进。知识改变命运,学习改变人生。学习力就是把知识资源转化为知识资本的能力,是一个人最核心的能力,是一个人一切能力之源。事有所成,必是学有所成;

---

① 中共中央党史和文献研究院编:《习近平关于全面从严治党论述摘编》(2021年版),中央文献出版社2021年版,第268页。

学有所成，必是读有所得。领导干部要勤于学习、善于学习、乐于学习，不断增强学习的动力、提高学习的能力、增强学习的毅力。

2. 学习大于教育。教育的本质是教会如何去学习和思考。"教"是外因、是条件，"学"才是内因、是根本。成长为一名好干部，离不开外部的教育培养，但更主要的还是靠自身的学习积累。善学者尽其理。领导干部要养成在研究状态下学习、工作的习惯，熟练掌握马克思主义的世界观和方法论，不断增强学习的主动性自觉性，边学边思，边学边悟，既知其然，更知其所以然。

3. 不管多大的官，不读书就是一介俗夫。书籍是造就灵魂的工具。腹有诗书气自华，唯读书可以改变气质。学者非必为仕，而仕者必为学。领导干部应把读书学习作为第一爱好、第一习惯、第一行为，以学增智、以学修身、以学增才，实现自我超越、脱俗免俗。

4. 要有书卷气，不要有书生气。书卷气是渊博学识的自然流露，书生气是"读死书、死读书、读书死"的表现。人有书卷气，气质美如兰。领导干部要"活"读书，读书"活"，既读有字之书，也读无字之书，把学习与思考、理论与实践、认识与行动有机结合、融会贯通，做到知行合一、学以致用。

5. 博学可以使人明辨世事。知识就是力量，知识改变世界。人是学而知之，而非生而知之。"博学"能使人不断拓展自己的知识边界，"明辨"是非、接近真相、明了本质。读书越多，看世界的角度越高。领导干部要养成博览群书的习惯，坚持读原著、学原文，既勤于广泛涉猎、博采众家，又善于去粗取精、去伪存真，进而站在巨人的肩膀上，创造性地提出新观点、新认识，形成新思路、新办法。

6. 创造性源于不设限的学习。学习的过程就是不断解放思想、不断继承创新创造的过程。读书越多，看世界的角度就会越高越远。

学习无止境，才能创新无止境。越学习，越会感到自己无知，越感到无知就越要学习。没有了学习的源头活水，也就没有了创新创造的不竭动力。领导干部唯有不断学习，才能日有所进，不断拓展知识的半径。

7. 学习的根本目的是建立并完善属于自己的知识体系。知识体系是人的思维方式、思想观点来源的基础，也是领导力提升的基础和前提。学习是构建知识体系最有效的途径。领导干部一定要学好马克思主义理论、综合知识、专业知识；学工科的要多学社会科学，学文科的也要多学理工科知识；既要读有字之书，又要读无字之书，不断建立和完善自己的知识体系。

8. 学习没有太迟之说。少而好学，如日出之阳；壮而好学，如日中之光；老而好学，如秉烛之明。学习应是终身的，"本领恐慌"要如影随形，什么时候开始学习也不晚。领导干部学习要从现在就开始，舍得花时间、花精力，要坚定不移把学习进行到底，活到老、学到老、改造到老。

9. 读史寻正路，历史是最好的教科书。历史是过去的现实，现实是未来的历史。历史之中有大势，历史之中有大道，历史之中有未来。习近平总书记强调："历史是最好的教科书，也是最好的清醒剂。"[①] 不知过去，无以图将来。领导干部要多读一点历史，从中汲取更多智慧和精神营养，增强开拓前进的勇气和力量。

10. 干什么学什么，缺什么补什么。习近平总书记强调，"要坚持干什么学什么、缺什么补什么"[②]。干了，就干好，干好必先学；缺了，就要补，补齐唯有学。领导干部要有针对性地学习掌握做好领

[①] 《习近平著作选读》第 2 卷，人民出版社 2023 年版，第 376 页。
[②] 《习近平谈治国理政》第 1 卷，外文出版社 2018 年版，第 405 页。

导工作、履行岗位职责所必备的各种知识，尤其是马克思主义理论这一"看家本领"，努力使自己真正成为行家里手、内行领导。

11. 只有学习科学，才能掌握科学。学习科学就是要认识规律、把握规律，这是做好各项工作的重要前提。科学精神是科学的灵魂。领导干部如果缺乏科学精神和科学知识，"想当然""拍脑袋""拍胸脯"作决策，不仅事情难有好成效，还会贻误党和人民事业发展。领导干部要深化对共产党执政规律、社会主义建设规律、人类社会发展规律的认识，善于用科学的思维方式观察分析事物、解决问题，做到科学决策、科学指挥，不断增强工作的预见性、主动性和创造性。

12. 书必当择而读。常言道："近朱者赤，近墨者黑。"人有好坏之分，书也有好坏之分，一本好书如良友，可以影响一个人的一生；一本劣书如损友，可以摧毁一个人的前程。择书如择友，应当慎重选择，不能"饥不择食""来者不拒"。领导干部要多读书、读好书，读得巧、读得实、读得深，懂得取舍，怀着批判创新精神去学习，不让有害信息填充我们的头脑。

13. 上山问樵，下水问渔。没有调查就没有发言权，更没有决策权。谦虚好学，能者为师。求学问、做事情要善于向内行或知情人求教，拿出"放下架子、甘当小学生"的精神，时刻保持谦虚的心态，向他人学习、向领导学习、向下级学、向同级学，做到问政于民、问需于民、问计于民，才能不断提高谋划推动工作的能力水平。

14. 学而不思则罔，深思善悟则明。古语云："为学之道，必本于思。思则得之，不思则不得也。""学"与"思"是相互依存、相互促进、相辅相成的辩证统一关系。学习的广度决定思考的深度，思考的深度决定谋事的高度。业精于勤，行成于思。领导干部要苦学、勤问、善思，养成独立思考、深度思考、辩证思考、系统思考、精准思考的习惯，学思结合、深思善悟。

15.学问就是苦学和勤问的概括。书山有路勤为径，学海无涯苦作舟；不学不成，不问不知，非学无以致疑，非问无以广识。埋头苦学和谦虚勤问是学习的不二法门。形势多变，万象更新，以前知道的不代表现在不过时，以前掌握的不代表现在还能用。领导干部要舍得下苦功夫，带着问题学，带着疑问学，刻苦学、持久学，养成边读书边思考的习惯。

16.好记性不如烂笔头。最淡的墨水也胜于最强的记忆。记忆有"保鲜期"，记得再牢也难免会遗忘。记笔记的过程就是一个知识内化的过程，也是一个和遗忘作斗争进而将知识理解消化的过程。领导干部要通过记笔记不断将感性认识上升为理性认识，将知识内化，为我所用。

17.处处留心皆学问。培根曾说："书并不以用处告人，用书之智不在于书中，而在于外，全凭观察得之。"何处无学问，只怕有心人。只要留心观察、谦虚好学，就能够从一些细小的地方、周围的人群中获取知识。领导干部要练就"眼观六路、耳听八方"的本领，心如明镜、洞若观火，强弱项、补短板，不断自我完善、自我提高。

18.学而不用等于没学，学习的目的全在于运用。学而不用则废，用而不学则滞。读书是为了解决问题，离开运用毫无意义。学习只有和实践相结合，才能体现出价值。领导干部要坚持在干中学、学中干，做到学习工作化、工作学习化，学以致用、用以促学、学用相长。

19.没有终点，只有起点；没有毕业，只有毕生。当今世界是一个知识爆炸、人才济济的时代，终身学习不仅是知识社会的一种生存方式，更是领导干部从政的重要理念。骄则自盈。拒绝了学习，也就拒绝了进步。高尔基曾经说过:"如果不想在世界上虚度一生,那就要学习一辈子。"吾生有涯,而学无涯。领导干部必须永不自满、永不懈怠,坚持学习、追求进步。

二、好干部是干出来的

1. 为政之道,贵在实干。凡事兴于实,败于虚。空谈误国,实干兴邦。社会主义是干出来的,幸福是奋斗出来的。说一千道一万,不如实际干一干。领导干部要涵养实干的品格、葆有实干的姿态,说实话、鼓实劲、做实事、求实效,以实干立身,以实干创造实绩。

2. 当干部一定要有政绩。"为官一任,造福一方"是中国古代传承已久的为官之道。中国封建社会就对知县职能职责作出明确规定:保一方平安、发展公益事业、教化民众、发展生产、赈灾救济、考核官员。现代社会的领导干部,更要在其位、谋其政、履其职、担其责、成其事。没有政绩的干部不是好干部。职务越高,责任越大。领导干部在有限的从政生涯内要真正干出一番经得起实践、历史和人民检验的政绩。

3. 等不是办法,干才有希望。幸福不会从天而降,实干才能梦想成真。一个行动胜过一打纲领,行动是成功的一半。从来就没有什么救世主,等待机会不如创造机会。领导干部必须时刻保持"等不起"的紧迫感、"慢不得"的危机感、"坐不住"的责任感,定了的事就要现在就干、马上就办,撸起袖子加油干。

4. 干实事见实效才是真功夫。香花不一定好看,会说不一定能干。说了不等于做了,做了不等于成了。习近平总书记指出:"衡量一个干部的好与差就是看他能不能办实事,能不能打开局面。"① 实践实干实效最重要。干成一番事业,最需要精益求精的执行者。领导干部要大兴真抓实干之风,勤勉敬业、不兴"伪事",既要结果更要效果,既要效率更要效益,力求结果与效果、效率与效益相得益彰。

5. 唯有"埋头",才能"出头"。"埋头"犹如起跳前的深蹲,"出头"则似功到自然成的飞跃。根深才能叶茂,成功讲究水到渠成,功夫到家了,出头就自然而然、顺理成章。要想人前显贵,必先人后受罪。领导干部要坐得住冷板凳,吃得苦中苦,学会积累和等待,既埋头干活又抬头看路。

6. 宰相起于州部,猛将发于卒伍。凡成大事者,大多都是从最基本、最基础一步步摔打起来的。干部的成长都是有规律可循的,没有人生来就是宰相、将军,不当几次"热锅上的蚂蚁",不接几回"烫手的山芋",那永远是温室的花朵,成不了大事。习近平总书记指出:"越是条件艰苦、困难大、矛盾多的地方,越能锤炼人。"②领导干部要深入基层一线墩苗淬火,经风雨、见世面、壮筋骨、长才干。

7. 干事是干部的天职,担当是干部的使命。干部干部,干字当头、先干一步。为官避事平生耻,有多大担当才能干多大事业。真担当要有真本事。当了领导干部,要把工作当事业,把事业当追求,既要想干愿干积极干,又要能干会干善于干,要敢担当能担当善担当,拎着乌纱帽为民干事,不捂着乌纱帽为己当官。

---

① 本书编写组编著:《让群众过上好日子:习近平正定足迹》,人民出版社、河北人民出版社 2022 年版,第 83 页。

② 《习近平谈治国理政》第 1 卷,外文出版社 2018 年版,第 417 页。

8. 做正确的事比正确地做事更重要。做正确的事是方向问题，正确地做事是方法问题。方向明才不会背道而驰，方法对才不会事与愿违。只有做正确的事，才可能把事做正确。领导干部要校准航向再出发，用正确的方法做正确的事。

9. 想干的人找方法，不想干的人找借口。没有走不到顶的山，只有找不到路的人。想干，到处是机会；不想干，到处是困难。想干和不想干，检验的是干部的政治品质。想法决定做法，任何借口都是推卸责任。领导干部要多做可行性研究，只为解决问题找办法，不为避事推责找借口，拿出逢山开路、遇水架桥的恒心毅力，极端负责地做好工作。

10. 只争朝夕，不负韶华。人生苦短，难过百年。人一生能工作的时间只有几十年，担任领导干部的时间则更短。风华正茂日，正当奋斗时。担任领导干部，要在岗一分钟、战斗六十秒，把有限的生命投入到无限的为人民服务中去，做一个负重前行的人、披星戴月的人、鞠躬尽瘁的人。

11. 功成不必在我，建功必定有我。习近平总书记强调，"干事创业一定要树立正确政绩观"[1]。干事创业如接力赛跑，自己要跑好，还得接好棒传好棒。领导干部要出尽"建功"之力、不求"功成"之誉，既做显功、也做潜功，多做打基础利长远之事。

12. 干一行爱一行，专一行精一行。领导工作是一门科学，需要敬业精神和专业精神。进入新时代，各项工作专业化专门化精细化程度越来越高，领导干部只有发扬工匠精神，始终做到既干之、则爱之，既当好领导、又当好专家，才能卓有成效地开展工作，决不能大而化之。

---

[1] 《习近平著作选读》第1卷，人民出版社2023年版，第338页。

13. 没有执行力，一切等于零。落实之要，重在执行。千招万招，不执行都是虚招。执行是最有力的宣言，执行力也是领导力，执行得漂亮方显真本事。领导干部要坚持高起点谋划，高标准推进，高质量落实，强化执行观念、提升执行能力，真正做到召之即来、来之能干、干之能成。

14. 长计划短安排，当日事当日毕。没有人会计划去失败，但失败总追随没计划的人。事前无计划，做事一团麻、万事成蹉跎。安排越具体，行动越有效。领导干部既要善于做好长远计划，又要注重制定具体的短安排，日事日毕、日清日高。

15. 既要挂帅又要出征，既要表态也要表率。挂帅不出征、表态不表率就是官僚主义。邓小平曾说，"领导干部不做出好样子，就带不出部队的好风气，就出不了战斗力"[①]。示范是最好的领导，行动是无声的命令。领导干部要多用"身影"带动人、少用"声音"指挥人，多说"跟我上"、少说"给我上"。

16. 责任有大小，责任心无大小。职务有高低，担的责任也有大小之分，但责任心无大小之别。习近平总书记指出，"干部就要有担当，有多大担当才能干多大事业，尽多大责任才会有多大成就"[②]。责任心胜于能力。领导干部对待工作必须始终极端负责，重要的事情要抓在手上，做到守土有责、守土负责、守土尽责，不能玩心太重，不能当"甩手掌柜"。

17. 贪图省力的船夫，目标永远是下游。逆水行舟用力撑，一篙松劲退千寻。今天省下多少力，明天就会吃多少苦。坚持了就是神话，放弃了就是笑话。全力以赴才能不被辜负，迎难而上才会蒸蒸

[①] 《邓小平文选》第 2 卷，人民出版社 1994 年版，第 124 页。
[②] 《习近平著作选读》第 1 卷，人民出版社 2023 年版，第 339 页。

日上，坚持到底才是唯一的出路。领导干部干事创业，必须用尽全力、一刻不松，久久为功、争创一流。

18. 总结反思是前进的阶梯。毛泽东曾说："我是靠总结经验吃饭的。"[①] 进步来自总结，智慧源于反思，好干部是总结反思出来的。大总结大收获，小总结小收获，不总结没收获。领导干部要善于在总结反思中拓展认识、提升自我，永不贰过。

19. 没有最好只有更好，勇于追求卓越。不追求高线就守不住底线，小进即满终不满、小富即安终不安。一旦自认为做到了最好，那就是懈怠停滞的开始。领导干部要精益求精、追求更好、止于至善，不安于小成、不留恋过往，让卓越成为一种习惯。

20. 实干者吃香，有为者有位。一分耕耘一分收获，历史不会辜负实干者、有为者。成功没有捷径，付出才能杰出。路要一步一步走，事要一件一件干。领导干部要把干事留给自己、把升迁交给组织，做一名潜心静气、积极作为的实干家。

三、好干部是自律出来的

1. 清正廉洁是最根本的能力。清正廉洁不仅是一种品德，更是一种能力。为官从政，能干事干成事不出事，才是真本事，只有始终清正廉洁，才能至廉而威、至公而信、至严而范。廉洁是1，事业、功名、地位、财富、尊严都是0，廉洁出了问题，一切都等于0。领导干部无论职务高低，都必须自身正、自身净、自身硬，永葆清正廉洁本色。

[①] 全国干部培训教材编审指导委员会组织编写：《毛泽东思想基本问题》，人民出版社2002年版，第305页。

2.优秀的背后往往是苦行僧般的自律。任何人的优秀都是在自律中苦出来、熬出来的。平庸者多自弃，优秀者多自律。领导干部保持优秀的状态、坚持优秀的追求，就要常怀律己之心，常修为政之德，始终对党忠诚，一心为民。

3.自律的程度，决定人生的高度。一个人即使天赋再高，如果没有后天的努力，也不可能做出卓越的成就。自律胜于他律，自律者最自由，自律不分职务高低。习近平总书记强调，全体共产党员要"坚守崇高信仰，炼就金刚不坏之身"[①]。"打铁"的人必须是"铁打"的人。领导干部必须坚定理想信念，常思贪欲之害，常戒非分之想，提高自身"免疫力"，用内心的"阳光"杀死贪欲的"病毒"。

4.律人先律己，言行才硬气。唯无瑕者可以戮人，唯自净者可以净人。治人者必先自治，责人者必先自责，成人者必先自成。其身正，不令而行；其身不正，虽令不从。领导干部必须严以修身、严以用权、严以律己，树立良好形象，修己以安人，正己以率下。

5.自律之道在于防患于未然。与其后悔于已然，不如防患于未然。凡事意识不到危险就是最大的危险，只有善于从坏处准备，才能争取最好的结果。领导干部自律，必须常敲思想警钟，筑牢廉洁防线，防患于未然。

6.心存侥幸必有不幸。侥幸是不幸的开始。墨菲定律告诉我们，任何一个事件，只要具有大于零的概率，就不能够假设它不会发生。人心不足蛇吞象，贪心必被贪心误。每次雪崩都始于一片雪花的运动。侥幸得了一时，侥幸不了一世。领导干部面对诱惑，必须算好政治账、经济账、感情账，始终敬畏组织、敬畏人民、敬畏戒律，坚决杜绝侥幸心理，谨小慎微，防微杜渐。

---

① 人民日报评论部：《习近平讲故事》，人民出版社2017年版，第73页。

从政之道

7.树立道德高线，不踩纪律红线，守住法律底线。凡事有"界线"。道德高线、纪律红线、法律底线是领导干部立身之本、干事之需、从政之基。领导干部要坚守道德高线，坚决不踩纪律红线，守住法律底线。

8.特权思想是廉洁自律最大的敌人。一念贪心起，百万障门开。特权思想一抬头，廉洁自律必失守。习近平总书记强调，"特权是一种危害极大的腐蚀剂"[①]，必须"坚决反对特权思想、特权现象"[②]。领导干部要坚持正确的权力观，公器不能私用，自觉摒弃特权思想。

9.贪婪是自己给自己开具的走向腐败的"通行证"。贪婪是恶魔，可使美好化为丑恶；贪婪是炸弹，可将辉煌夷为废墟。贪婪尽头是毁灭，戒贪守廉方致远。不要贪图无所不有，否则将一无所有。"油水"越"厚"的地方越容易滑倒。为官从政贪恋"油水"，免不了要"栽跟头"。领导干部必须给贪婪戴上"手铐"，任何时候、任何情况都做到手不"乱伸"、脚不"乱跑"。

10.勇于自我革命，敢于刀刃向内。勇于刀刃向内、自我革命是我们党最鲜明的品格。习近平总书记指出："中国共产党的伟大不在于不犯错误，而在于从不讳疾忌医，敢于直面问题，勇于自我革命，具有极强的自我修复能力。"[③] 领导干部必须保持自我革命精神，不断自我净化、自我完善、自我革新、自我提高。

11.家风连政风，家风系国运。家是最小国，国是千万家。习近平总书记强调："领导干部的家风，不仅关系自己的家庭，而且

[①] 全国干部培训教材编审指导委员会组织编写：《全面加强党的领导和党的建设》，党建读物出版社、人民出版社2019年版，第92—93页。

[②] 《习近平著作选读》第2卷，人民出版社2023年版，第122页。

[③] 《习近平著作选读》第1卷，人民出版社2023年版，第576页。

关系党风政风。"[1]领导干部必须把家风建设摆在重要位置，切实管好"枕边人"、教好"膝下人"、带好"身边人"。

12. 让自律成为一种习惯。积千累万，不如养个好习惯。自律成习惯，习惯成自然。自律成为好习惯是人生的助推器，能使人终身受益。自律的养成并非一日之功，自律没有完成时。领导干部必须养成从严自律的习惯，持续用力、久久为功，让自律成为一种行动自觉，做到自律一辈子，而不是一阵子。

13. 不要人夸颜色好，只留清气满乾坤。"廉者，政之本也。"清正廉洁，是融入中国共产党人血脉之中的不变本色，也是中国共产党人代代传承的红色基因。历史和现实都表明，始终保持清正廉洁的政治本色既是我们党战无不胜、攻无不克的制胜法宝，也是共产党人在不忘初心、牢记使命的生动实践中不能动摇的基本遵循。"世情宜淡，立志贵刚。"领导干部必须在清正廉洁上作出表率，不忘初心、牢记使命、永不变色，永远做人民公仆、时代先锋、民族脊梁。

四、好干部是教育出来的

1. 育才造士，为国之本。习近平总书记指出："教育是国之大计、党之大计。"[2]十年树木，百年树人。只有久久为功育人才，党和人民的事业才能薪火相传，中华民族伟大复兴才会后继有人。致天下之治者在人才，成天下之才者在教化。好干部不会自然而然地产生，必须用好教育培训这个"传家宝"，为推动党和国家的事业发展培育源源不断的干部人才。

---

[1] 《习近平著作选读》第 1 卷，人民出版社 2023 年版，第 547 页。
[2] 《习近平著作选读》第 1 卷，人民出版社 2023 年版，第 28 页。

2.领导者就是培训者。领导干部不仅是业务工作的领导者,也是干部队伍的教育培训者。抓班子带队伍是领导干部的重要职责。言教者讼,言传不如身教,示范最有力。领导干部必须以身作则、率先垂范,树立旗帜、凝聚力量、引领风尚,以模范行为感召人、教育人、激励人。

3.培养要赶前不赶后。习近平总书记指出:"刚参加工作的干部就像小树苗一样,需要精心浇灌、修枝剪叶,基础打扎实了才能茁壮成长。"[1] 育人如育苗,农时不可违,节令不等人。要慧眼发现"新苗子",精心培养"好苗子",为干部队伍提供充足的源头活水。

4.教人须从短处补。善治病者,必医其受病之处;善救弊者,必塞其起弊之原。教无定式,贵在得法。一只木桶能盛多少水,取决于最短的那一块木板。教育培养干部,就要针对知识空白、经验盲区、能力弱项,精准开展专题培训。

5.教育者先受教育,教育者多受教育。师者,人之模范也。人一能之,己百之;人十能之,己千之。育人即育己,育人先育己。给别人一瓢水,自己先有一桶水。强将手下无弱兵。领导干部只有先受教育、多受教育,智勇双全,能征善战,才能产生不令而行的示范效应。

6.理论教育和党性教育是干部教育的根本。达必识其途,至必由其道。马克思主义是共产党人的"真经",党性教育是共产党人的"心学"。领导干部必须突出重心,学好根本,旗帜鲜明反映党的主张、体现党的意志、落实党的要求,让党的理论教育和党性教育真正入脑入心。

---

[1] 中共中央党史和文献研究院编:《习近平关于全面从严治党论述摘编》(2021年版),中央文献出版社2021年版,第276页。

7. 种树培其根，种德培其心。求木之长者，必固其根本；欲流之远者，必浚其泉源。木心不正，则脉理皆邪。心正则身正，身正则行端，行端则身清，"成长"比"成功"更重要。领导干部必须筑牢信仰之基、补足精神之钙、把稳思想之舵。

8. 既要教世界观，又要教方法论。世界观、方法论是管方向、管根本、管长远的。习近平总书记指出："辩证唯物主义是中国共产党人的世界观和方法论。"[①] 授人以鱼，不如授人以渔。干部教育培养要变"输血式"为"造血式"、变"灌输式"为"启发式"，既讲清楚"是什么""为什么"，又教会"怎么办"，推动领导干部不断掌握马克思主义立场、观点、方法，使各项工作更好体现时代性、把握规律性、富于创造性。

9. 基层是最好的学校。人在事上练，刀在石上磨。实践是最好的课堂，基层是难得的人生经历，不要好高骛远。领导干部必须学会沉淀自己、在基层摔打自己，主动到干事最前沿、发展第一线摸爬滚打，扛得了重活、打得了硬仗、经得住磨难，做向下扎根、向上生长的参天大树，不做浮在水面上的浮萍。

10. 干部教，教干部。老兵传帮带，新兵成长快。干部的问题，干部最有发言权。干部教干部的过程，是一个"双赢"的过程。领导干部上讲台，面对面传、手把手帮、心贴心带，在互教互学、互帮互助中，能更好实现教学相长、学学相长。

11. 干部教育必须姓"马"姓"党"。习近平总书记指出："党校因党而立，党校姓党是天经地义的要求。"[②] 干部教育因党而生、为党而兴，政治性始终是第一属性。必须旗帜鲜明反映党的主张、体现

[①] 习近平:《论党的宣传思想工作》，中央文献出版社2020年版，第124页。
[②] 习近平:《论党的宣传思想工作》，中央文献出版社2020年版，第147页。

党的意志、落实党的要求。

12.解决问题的干部教育才是最好的干部教育。要把研究和解决重大现实问题作为学习的根本出发点。干部教育要坚持问题导向，因岗施教、因需施教、因材施教，干什么就教什么、需要什么就讲什么、缺什么就补什么。

13.教不严，师之惰。教者，效也，上为之，下效之。严师才能出高徒。教风正才能学风正。干部教育培训要把准一个"严"字，做到从严教育、从严管理、从严监督、从严考核。搞好干部教育必须坚持从严治校、从严治教、从严治学。

五、好干部是夸出来的

1.赞美是人内心的渴望。被认同、被赞美是人内心深处的希冀，每个人都渴望得到别人的关注、认同和赞美，干部也一样。一句恰当的赞美，能影响人的一生。赞美别人也是在成就自己。领导干部要多看别人长处，学会为他人喝彩，称赞他人的每个进步，即使十分微小。

2.水激石则鸣，人激志则宏。水不激不扬，人不激不奋。人的成功是内因和外因共同作用的结果。持续不断地自我鼓励与外部激励，可以充分激发人的潜能，为持续奋斗提供强大的动力支撑。赞美是一种持久有效的激励，而且是零成本的激励，能够有效调动激励各方面的积极性。

3.做事的信心源于有效的夸奖。适时的赞美、适度的夸奖、适宜的表扬是增强信心、激励担当最有效的强化剂。夸奖无效，信心动摇。领导干部要不吝赞美之词，既要乐于夸奖人，更要善于夸奖人，夸在点子上，多为信心注入夸奖的催化剂。

4. 赏识导致成功，抱怨导致失败。赏者必当其功，不可以恩进；罚者必当其罪，不可以幸免。赏识产生激励，抱怨换来敌视。得到的欣赏太稀缺，天才也会枯萎。数人十过，不如奖人一长。多一分赏识，就多一分希望。领导干部必须学会赏识，尊重个性、容纳棱角，对待下属要多一些欣赏，少一些苛责，不苛求人，不抱怨事，从而形成共识、变成共为。

5. 不吝嘉勉部属的功劳。抓班子带队伍既要严管，更要及时嘉奖勉励。论功行赏，天经地义。这不仅是对立功者个人的褒奖，更是在树立一种良好导向。领导干部要练就一双识人的慧眼，用欣赏的眼光寻找下属的"闪光点"，赏罚分明，严管和厚爱相结合、激励与约束并重，营造干事创业的良好氛围。

6. 选好人用好人，是最有效最直接的激励。任用是最好的信任、最好的激励。正确的用人导向会产生"磁石效应"，激发见贤思齐、人心思进的正能量。用一贤人则群贤毕至。领导干部要做到选贤任能、用当其时、人尽其才。

7. 摆脱偏见，使称赞公平公正。古人云："理官莫如平，临财莫如廉。"偏见是人们脱离客观事实而建立起来的对人和事的消极认识。偏见源于无知，只会使对问题的看法"失真""失实"。领导干部要慎用第一印象，不戴有色眼镜看人，自觉运用唯物辩证法，让称赞摆脱偏见。

8. 赞美不是奉承，表扬还需适度。赞美是真诚的，奉承是功利的。赞美犹如煲汤，掌握好火候是关键。领导干部要善于把握好赞美的频度、高度、热度，多些实事求是、有理有据的"赞"，杜绝溜须拍马、投其所好的"捧"。

9. 表扬要公开。曾国藩曾说："扬善于公庭，而归过于私室。"公开表扬是最好的肯定，可以释放表扬的正效应，树立榜样和标杆，营造见贤思齐、比学赶超的氛围。领导干部要多在公开场合表扬先进，树立一个典型，倡导一种精神，宣扬一种价值。

10.表扬要及时，过时的表扬是无效的。表扬有时效，才有实效。有研究表明，值得表扬的行为、事情发生的时间和受到表扬的时间间隔越短，所起到的激励效果就越明显。领导干部一旦发现下属的行为出色、表现突出，就要及时表扬。

11.金奖银奖不如老百姓的夸奖。时代是出卷人，我们是答卷人，人民是阅卷人。政声人去后，功过群众评。居官当思有去日。领导干部要把群众满意不满意、高兴不高兴、答应不答应作为工作的出发点和落脚点，以实实在在的政绩赢得"生前身后名"。

12.学会表扬自己，但不能自矜自夸。表扬自己是一种自信。但自我表扬过了头，就容易变成自矜自夸，甚至自大自负。骄傲自满必翻车。领导干部要始终把自我表扬建立在实事求是的基础上，切不可跨线越度。

六、好干部是监督出来的

1.要自律，也要他律。习近平总书记指出，"法是他律，德是自律，自律和他律结合才能达到最佳效果"[①]。自律是内因、是根本，他律是外因、是保障。自律和他律要有机结合起来。领导干部一定要时刻怀自律之心，遵他律之规，做到习惯自律、乐于他律。

2.治国必先治吏，治吏务必从严。吏治清，国运兴。习近平总书记强调："党要管党，首先是管好干部；从严治党，关键是从严治

---

① 中共中央纪律检查委员会、中共中央文献研究室编：《习近平关于党风廉政建设和反腐败斗争论述摘编》，中国方正出版社2015年版，第140页。

吏。"① 治不严则无获，治吏之要严字当头。培养造就好干部必须真管真严、敢管敢严、一严到底。

3. 加强纪律性，革命无不胜。党的纪律是党的生命线，是事业有成的保证。习近平总书记指出："党要管党、从严治党，靠什么管，凭什么治？就要靠严明纪律。"② "严明党的纪律，首要的就是严明政治纪律。"③ 领导干部必须始终把政治纪律和政治规矩挺在前面，时刻绷紧纪律这根弦，自觉加强纪律性。

4. 权力是最大的腐蚀剂。绝对的权力导致绝对的腐败。习近平总书记指出，"权力不论大小，只要不受制约和监督，都可能被滥用"④。权力具有支配性、腐蚀性。有权不能任性，善自修者能保其荣。领导干部必须自觉把权力关进"笼子"里，始终规范用权、依法用权，自觉做到法定授权必须为，法无授权不可为。

5. 纪严于法，纪在法前。国有国法，党有党纪。凡破法者，无不从破纪开始。纪在法前，才能管住大多数；纪严于法，才能管好大多数。领导干部必须深刻认识党纪比国法严，自觉把党纪挺在国法前。

6. 面子再大，大不过党性原则；感情再铁，铁不过规章制度；门子再硬，硬不过纪律规矩。国事无私，政道去邪，法不容情。领导干部必须不为人情所困、不为利益所惑，坚决做践行党章党规党

---

① 中共中央党史和文献研究院编：《习近平关于全面从严治党论述摘编》（2021年版），中央文献出版社2021年版，第257页。
② 中共中央党史和文献研究院编：《习近平关于全面从严治党论述摘编》（2021年版），中央文献出版社2021年版，第314页。
③ 中共中央党史和文献研究院编：《习近平关于全面从严治党论述摘编》（2021年版），中央文献出版社2021年版，第89页。
④ 中共中央党史和文献研究院编：《习近平关于全面从严治党论述摘编》（2021年版），中央文献出版社2021年版，第392页。

纪的"明白人""带头人""铁面人"。

7.政治监督是最根本的监督。政治监督是首位监督。只有政治监督有力，其他党内监督才能充分发挥作用。加强干部政治监督，必须始终把"两个维护"作为首要任务，把坚持和加强党的全面领导作为根本目的，把"关键少数"作为重点对象。

8.监督就是保护，严管就是厚爱。监督与保护、严管与厚爱是辩证统一的。多一层监督，就多一层保护。严是爱、松是害，不管不问要变坏。监督管理的初衷与关心爱护干部一样，都是为了干部成长成才。领导干部既要自觉接受组织严管监督，也要由衷感恩组织关爱；既要注重严格管理，也要宽厚待人，做到宽严相济、恩威并施。

9.信任离不开监督，监督增进信任。习近平总书记强调："信任是最大的关怀，但信任不能代替监督，关心不能忘了严管。"[1] 信任是激励，监督是爱护，二者犹如一枚硬币的两面，有机统一、不可分割，缺一不可。领导干部必须不辜负组织信任、不排斥组织监督。

10.放权不等于放任，放手不等于撒手。善于放权、敢于放手是管理水平和领导艺术的体现。但是，放权不等于放任自流，放手不等于撒手不管。决策一经作出，纪律就当随行。领导干部必须尽好应尽之责，做到总揽不包揽、领唱不独唱，靠纪律推动决策执行，绝不当"甩手掌柜""二传手"。

11.阳光是最好的防腐剂。阳光所照之处，黑暗无所遁形。习近平总书记强调："要加强对权力运行的制约和监督，让人民监督权力，让权力在阳光下运行，把权力关进制度的笼子。"[2] 为官清廉，贵在

---

[1] 中共中央党史和文献研究院编：《习近平关于全面从严治党论述摘编》（2021年版），中央文献出版社2021年版，第405页。

[2] 中共中央党史和文献研究院编：《习近平关于全面从严治党论述摘编》（2021年版），中央文献出版社2021年版，第411页。

平时。领导干部只有将权力"晒在阳光"下,才能防止权力被滥用,避免腐败发生。

12. 动员百遍,不如问责一次。问责是激励干部担当作为的有效方式。习近平总书记强调,"有权必有责、有责要担当、失职必追究"[①]。问责一个,警醒一片。领导干部要善于用好"问责"这一手段,杜绝"情有可原""下不为例"。

13. 管思想,管工作,管作风,管纪律。树不"修"不成材,人不"修"不成才。干部管理监督"无盲区",思想、工作、作风、纪律共同构成了干部管理监督的完整链条。领导干部自觉置身其中,接受全方位管理监督,才能茁壮成长。

14. 管好关键人,管到关键处,管住关键事,管在关键时。纲举才能目张,管理监督重在抓关键。抓住了关键,往往就能牵一发而动全身。打鼓要打中心处,管要管在点子上。越是关键人关键处关键事关键时,领导干部越要带头自觉接受管理监督。

15. 禁微则易,救末者难。临崖勒马收缰晚,船到江心补漏迟。祸患常积于忽微。善治者治于未病。如果讳疾忌医,就可能小病拖成大病,由病在表皮发展到病入膏肓。领导干部要有"婆婆嘴",常念监督经,注重加强"源头防范",把"脸"红在平时,把"汗"出在日常,避免小问题变成大问题。

16. 没有量化就没有管理。量化代表着精准,量化就是为了精准。工作贵在精准,重在精准,成败之举在于精准。干部管理监督是具体的实在的,必须科学量化、精准施策,杜绝大而化之、笼而统之。

17. 少数人靠觉悟,多数人靠制度。制度是干部管理监督的根本

---

① 中共中央党史和文献研究院编:《习近平关于全面从严治党论述摘编》(2021年版),中央文献出版社2021年版,第469页。

保证。人不以制度则废。制度的生命力在于执行。领导干部只有严格遵守制度、执行制度，才能管住自己，管好全局。

18.善除害者察其本，善理疾者绝其源。执本而末自从，绝源而流自断。万化根源总在心。一个人出现这样那样的问题，说到底是思想根源上的问题。理想信念是"总开关"，纪律规矩是"安全阀"。标本兼治，重在固本培元。领导干部必须着力从思想上正本清源、立根固本。

19.习惯在监督中工作，乐于在监督下成长。习惯被监督是修养，乐于被监督是境界，习惯并乐于接受监督反映的是底气，体现的是担当，传递的是自信，彰显的是胸襟。领导的本质是管理自己，影响别人。领导干部只有经常接受提醒和监督，常听、常省、常新，才能健康成长，必须习惯在监督下开展工作，乐于在监督中成长成熟。

20.长管长严，警钟长鸣。世间事，做于细，成于严。严管才是真管，长管才是真严。管理监督干部，既要敢管敢严、真管真严，更要常抓不懈、长管长严。领导干部接受严管，只有久久为功、永不懈怠，才能一严到底、百炼成钢。

领导干部之修炼

领导干部作为"关键少数",是党和人民事业的骨干,是人民的公仆,肩负时代重任,责任重大、使命光荣。当领导干部,不仅要有品德、素养、格局、境界、情怀、智慧、本领、方法,更要把不断修炼作为终身课题。修炼是什么?本义是指一个人修身、炼性,即心理更加积极向上,身体更加强壮健康。领导干部的修炼是什么?是指领导干部不断自我净化、自我完善、自我革新、自我提高的过程,就是不断改造自己的主观世界,不断锤炼自己忠诚、干净、担当的政治品格,不断提高自己的能力素质,以应对严峻挑战,更好地履行领导职责,推动经济社会发展,适应新时代党和人民事业发展需要的过程。领导干部的修炼不是可有可无的,也不是一劳永逸的,必须贯穿领导干部的一生。

一、当领导干部就得修炼好"八种武功"

武功又称武术、功夫,现多引申为本领、技艺、"身手"等。从事任何行业都必须具备一定的功夫,说相声要会"说、学、逗、唱",唱京剧讲究"唱、念、做、打",做中医需要"望、闻、问、切",当干部也要有一身高强的"武功"。领导干部作为党和人民事业的骨干,必须"政治过硬、本领高强",不断修炼好头功、心功、身功、眼功、耳功、口功、手功、腿功。

一是必须不断修炼好"头功"——武装头脑，增长智慧。善思则睿智。具备动脑筋思考问题、用智慧解决问题的"头功"，是每个人认识和改造世界的前提。领导干部应当加强"头功"修炼，努力使自己具备政治家、理论家、创新家的思维和智慧。应当具备政治家的思维，遇事多想政治要求，办事多想政治规矩，处事多想政治影响，成事多想政治效果。应当具备理论家的思维，坚持用党的创新理论特别是习近平新时代中国特色社会主义思想武装头脑、指导实践、推动工作，勇于推进实践基础上的理论创新。应当具备创新家的思维，强化创新意识，储备创新知识，锻造创新胆识，不断适应新形势、应对新变化、研究新情况、迎接新挑战、解决新问题，推动工作创新发展。

二是必须不断修炼好"心功"——任凭风浪起，稳坐钓鱼船。"身之主宰便是心"，心胜则胜。领导干部只有"心功"强，才能始终充满自信，有勇气、有智慧应对一切挑战，不畏艰难、一往无前。领导干部加强"心功"修炼，重点要增强自信心、进取心、平常心。要增强自信心，不断激发战胜困难和成就事业的内生力量，对行为、目标、希望等抱有必胜信念，临危不惧、勇往直前。信心贵如金。要永葆进取心，坚定理想信念，守初心担使命，时刻保持一种昂扬向上、发愤图强、不断自我扬弃、勇于迎接挑战的精神追求，积极担当作为、勇于奉献自我。要保持平常心，乐观豁达、顺其自然、从容淡定，不畏惧艰难、不回避挑战，面对得失心境淡然、面对困难处之泰然、面对失意心境豁然，做到不为私心所扰、不为名利所累、不为物欲所惑，永葆洁身自好。

三是必须不断修炼好"身功"——以身作则，率先垂范。古语云："律己足以服人，量宽足以得人，身先足以率人。"领导干部作为一个地方、一个单位发展的"领头雁",必须自觉强化"身功"修炼,做干事创业的引领者、示范者、实干者,充分发挥"头雁效应"。要当好引领者,在思想上、政治上、行动上,教育引导各级党组织和广大党员干部不断增强"四个意识"、坚定"四个自信"、做到"两个维护",始终听党话、感党恩、跟党走。要当好示范者,以身作则、率先垂范,吃苦在前、享受在后,多用"身影"指挥、少用"声音"指挥。要当好实干者,坚持"实践是检验真理的唯一标准",从客观实际出发,具体问题具体分析;坚持实字当头、干字优先,发扬求真务实、真抓实干作风;坚持正确的政绩观,为人民群众办实事、办好事。

四是必须不断修炼好"眼功"——眼观六路,洞彻世事。修炼"眼功"就是要提高观察事物现象、本质、规律的能力。领导干部只有练强"眼功",做到识"势"、识"世"、识"时"、识"事",精准认识和把握事物的现象、本质和规律,才能提高工作的科学性、预见性、主动性,使领导工作体现时代性、把握规律性、富于创造性。要修炼识"势"的"天眼",认清历史趋势、当前形势、民意态势,在不断变化发展的形势中化被动为主动,牢牢把握工作主动权。要修炼识"世"的"慧眼",知世情、国情、党情,做到"秀才不出门,全知天下事","纷繁世事多元应,击鼓催征稳驭舟"。要修炼识"时"的"明眼",认清时局、服务大局,与时俱进、把握当下,不主观臆断、不逆时而为,紧跟时代步伐、答好"时代之卷"。要修炼识"事"的"亮眼",认清和抓住"事"的本质,把握"事"的变化发展规律,不被"事"的表象所迷惑,按客观规律办事。

五是必须不断修炼好"耳功"——耳听八方,博采众智。"耳功"就是听取提醒、批评和意见的功夫。多闻者智,拒谏者塞,专己者孤。邓小平曾说过:"一个革命政党,就怕听不到人民的声音,最可怕的是鸦雀无声。"[①]领导干部必须修炼一双"听八方、采众智"的"顺风耳",不断提高决策的科学性和工作的实效性。耳要"聪",努力做到"掏空耳朵"全听,"拉长耳朵"细听,"竖起耳朵"恭听,潜听基层"呼声"、善听下级"怨言",能听群众"骂声",从中找到加强工作的着力点、解决问题的破解点、制定政策的出发点。耳要"硬",学会甄别,保持主见,信忠言不信谗言、信真言不信谣言,坚持原则、保持清醒,不能入耳即当真、听风就是雨,始终保持强大定力。耳要"顺",广纳诤言,闻过则喜,择善而从,有容言之气度、纳谏之雅量,做到"能用众智,则无畏于圣人矣",绝不能得"耳背"之疾,否则就会导致"纳谏不诚、进谏无门"。

六是必须不断修炼好"口功"——能言善道,言之有理。震天下者必震之于声,导人心者必导之于言。习近平总书记曾指出:"语言的背后是感情、是思想、是知识、是素质。"[②]领导工作有很大一部分是在"说"中进行、"道"中开展的,必须努力修炼过硬的"口功",不断提高领导力。要锤炼"善于辞令"之功,练就"三寸不烂之舌",掌握正确的说话方式,做到遇事得心应"口",侃侃而谈,"言"之有据,"言"之有物。要锤炼"沟通协调"之功,增强沟通意识,掌握沟通艺术,求得思想上的统一、谋得行动上的一致,展现自信与能力、思想与视野、智慧与艺术。要锤炼"讲话像话"之功,重视自己的每次讲话,活学活用群众语言,为用而讲、讲必有用,使听之者众、闻之者然,使人愿听想听乐听,听了如沐春风,让群众听得懂、记得住,心向党、跟党走。

七是必须不断修炼好"手功"——能"文"能"武",善作善成。

[①] 《邓小平文选》第 2 卷,人民出版社 1994 年版,第 144—145 页。
[②] 习近平:《之江新语》,浙江人民出版社 2007 年版,第 146 页。

所谓"手功",就是指动手干的能力,主要表现为"写"和"做"两个方面。毛泽东曾说:"自己动手,丰衣足食。"[①]说一千、道一万,关键还是在于"动手干"。领导干部必须练就"多面手"。拥有"秀才手",不畏其难、敢写愿写,多读勤思、想写乐写,以写为乐、乐中写作,让写作成为锻炼思维、提高认知、思考问题、谋划工作的重要"法宝",不断提高"用笔领导"的能力。练就"绣花手",坚持严肃、严格、严谨,力求细致、精致、极致,既能肩挑千钧担,又能手捏"绣花针",于细微之处见精神、见水平、见功力,把工作做到位、做过硬,出精品、创一流。成为"快刀手",出手快、行动快、反馈快,凡事雷厉风行,保持快节奏、追求高效率,今日事今日毕、此时事此时毕,日清月结、案无积卷,"事情定了就办、办就办好"。争做"主攻手",增强"主攻"之愿,提振"主攻"之勇,砥砺"主攻"之能,冲锋在前、带头攻坚、勇于担事,绝不当"二传手",绝不当"指挥将军""摆手先生""甩手掌柜"。

八是必须不断修炼好"腿功"——勤勉务实,行稳致远。"腿功"就是指工作中脚踏实地、勤勉务实、行稳致远的能力。俗话说,"官勤民少忧"。自古到今,大凡有作为的官员无不"勤"字当头。领导干部践行"立党为公、执政为民",必须加强"腿功"修炼,切实为党和人民事业勤"跑腿"。要练就"飞毛腿",做到腿"勤"、腿"快",勤向"上"跑,勤往"下"走,勤与同事沟通,勤向"外面"学习,凡事先行一步、快人一拍抓落实。要愿做"泥腿子",脚踩一路泥、身落一层灰,多往基层一线跑,多往群众家里跑,到基层接地气,拜群众为师,为人民服务,决不能"足不出户"、甘做"大家闺秀"。要磨出"铁脚板",增强"踏平坎坷成大道"的信心,保

[①] 《毛泽东文集》第 3 卷,人民出版社 1996 年版,第 329 页。

持"千磨万击还坚劲"的意志,坚定"不破楼兰终不还"的决心,逢山开路、遇水架桥,敢踏无人涉足的"盲区"、敢闯矛盾交错的"难区",不断向前、向上登攀,真正走得稳、走得正、走得久、走得远。

二、为政之要是做好官德的修炼

古人云:"才者,德之资也;德者,才之帅也。"我们党一路走来,始终坚持德才兼备的干部路线,把官德摆在干部队伍建设的重要位置。党的十八大以来,习近平总书记高度重视领导干部官德,提出好干部标准,突出干部要"以德为先",多次强调:"领导干部要讲政德。政德是整个社会道德建设的风向标。立政德,就要明大德、守公德、严私德。"[1] 领导干部要坚持以德为先,把加强官德修炼作为为官从政之要,勤于学习、学以明德,善于反思、思以正德,加强实践、行以修德,做到明大德、守公德、严私德。

一要明大德,"铸牢理想信念、锤炼坚强党性"。习近平总书记指出:"明大德,就是要铸牢理想信念、锤炼坚强党性,在大是大非面前旗帜鲜明,在风浪考验面前无所畏惧,在各种诱惑面前立场坚定,这是领导干部首先要修好的'大德'。"[2] 对于领导干部来说,最大的德莫过于对党绝对忠诚,始终忠诚于党的信仰、忠诚于党的组织、忠诚于党的事业,始终筑牢理想信念、补足精神之钙。坚定马克思主义的信仰、坚定中国特色社会主义的信念、坚定实现中华民

---

[1] 中共中央党史和文献研究院编:《习近平关于全面从严治党论述摘编》(2021年版),中央文献出版社2021年版,第342页。

[2] 中共中央党史和文献研究院编:《习近平关于全面从严治党论述摘编》(2021年版),中央文献出版社2021年版,第342页。

族伟大复兴中国梦的信心，这始终是领导干部安身立命之本。必须带头做共产主义远大理想和中国特色社会主义共同理想的坚定信仰者和忠实实践者，保持对远大理想和奋斗目标的清醒认知和执着追求；必须把理想信念融入具体工作，增强实现理想的坚定信念和百折不挠的进取精神。不断锤炼坚强党性，忠于党忠于人民。领导干部来自组织，第一身份是共产党员，第一职责是为党工作。绝对忠诚于党是领导干部最高的政治原则和最根本的政治纪律。必须增强"四个意识"、坚定"四个自信"、做到"两个维护"，始终在思想上政治上行动上同以习近平同志为核心的党中央保持高度一致；必须把做到"两个维护"切实落实到具体行动上，体现在坚决贯彻党中央决策部署的行动上，确保党中央政令畅通、令行禁止；必须为推进党和人民事业发展履职尽责、勤政务实，自觉做到为党工作、为民服务，敢作敢为、勇于担当，锲而不舍、狠抓落实，干一行、爱一行、专一行、成一行。

二要守公德，"立党为公、执政为民"。习近平总书记强调："守公德，就是要强化宗旨意识，全心全意为人民服务，恪守立党为公、执政为民理念，自觉践行人民对美好生活的向往就是我们的奋斗目标的承诺，做到心底无私天地宽。"[①] 对领导干部来说，守公德重点是坚持立党为公、执政为民。用权如衡，唯公唯平。领导干部手中的权力是党和人民赋予的，权力具有公共属性，绝不能公权私用，必须为党工作、为民服务，用于实现国家和民族的公共利益、全体人民的共同理想、全社会的公共事务。要珍惜权力，时刻以人民利益为重，珍惜每一次为民用权、为民谋利的机会，在岗一分钟，战斗

---

① 中共中央党史和文献研究院编：《习近平关于全面从严治党论述摘编》（2021年版），中央文献出版社2021年版，第342页。

六十秒;要敬畏权力,有敬畏之心,"战战兢兢"、如临深渊、如履薄冰,心有所畏、言有所戒、行有所止;要慎用权力,慎言慎行,无论是决策、管理,还是指挥、协调,都要慎之又慎、三思而行,谨记权本法授、权依法使,自觉恪守权力边界。一切为了人民,一切依靠人民。我们党除了工人阶级和最广大人民群众的利益,没有自己的特殊利益。全心全意为人民服务是党的根本宗旨,领导干部无论职务高低、权力大小,都是人民的公仆,所掌握的都是公权力,只能用于为人民服务。要坚持以人民为中心的根本立场不动摇,把人民对美好生活的向往作为奋斗目标,把改善群众生活、维护群众利益作为一切工作的出发点和落脚点,让人民群众更有获得感、幸福感、安全感;要把人民群众作为最大的"靠山",坚持人民群众的主体地位,践行群众路线,坚持群众观点,站稳群众立场,充分尊重人民群众首创精神,自觉拜人民为师,不断从人民群众中汲取智慧和力量。

三要严私德,"严格操守、规范言行"。习近平总书记强调:"严私德,就是要严格约束自己的操守和行为。所有党员、干部都要戒贪止欲、克己奉公,切实把人民赋予的权力用来造福于人民。要把家风建设摆在重要位置,廉洁修身,廉洁齐家。"[1] 对于领导干部来说,严私德,重点就是管好自己、管好家人。始终把政治纪律和政治规矩挺在前面,管好自己。要坚持品德操守,严以律己。锤炼品质修养,坚守精神追求,多积尺寸之功,从小事小节做起,见贤而思齐,处理好公和私、义和利、是和非、正和邪、苦和乐的关系,不断自我净化、自我完善、自我革新、自我提高。要严守纪律规矩,

---

[1] 中共中央党史和文献研究院编:《习近平关于全面从严治党论述摘编》(2021年版),中央文献出版社2021年版,第342—343页。

心中有戒。纪律规矩是每位领导干部的戒尺，是一条不可逾越的红线。强化底线思维，增强戒惧之心、纪律意识，自觉尊崇党章，严守党规党纪，在任何时候、任何情况下都不越界、不越轨、不越线。加强家庭、家教、家风建设，管好家人。要注重家庭，涵养家国情怀，弘扬爱国主义、集体主义、社会主义精神，继承发扬优秀的家文化，建设幸福、和睦的家庭；要注重家教，加强对家庭成员的品德教育，充分发挥家庭是人生的第一所学校、父母是孩子的第一任老师的作用，引导家庭成员特别是下一代热爱党、热爱祖国、热爱中华民族；要注重家风，把清廉家风作为重点，算好人生政治账、经济账、名誉账、家庭账、亲情账、自由账、健康账，廉以修身、廉洁齐家，坚持严管就是厚爱，教育督促亲属子女和身边工作人员走正道，做到"恋亲不为亲徇私，念旧不为旧谋利，济亲不以公济私"。

三、领导干部必须不断修炼自己的"精气神"

俗语说："天有三宝——日、月、星，地有三宝——水、火、风，人有三宝——精、气、神。""精气神"通常用来指人积极健康、昂扬向上的精神状态。"精气神"是生命之本、成长之力、成功之道。习近平总书记强调："要充分调动广大干部积极性，不断提升工作精气神。"[①] 领导干部有了"精气神"，才有"愿做事""敢扛事""做成事"的内在动力。

一是不断修炼志气。卡耐基说："朝着一定目标走去是'志'，

[①] 中共中央文献研究室编：《习近平关于全面建成小康社会论述摘编》，中央文献出版社 2016 年版，第 209 页。

一鼓作气中途绝不停止是'气',两者合起来就是'志气'。一切事业的成败都取决于此。"胸有凌云志,无高不可攀。领导干部要有"山至高处人为峰,海到尽头天是岸"的志向,立志做大事,不要立志做大官,自觉地把个人志向与国家前途、民族命运、党的事业和人民利益联系在一起,做事"尽美矣,又尽善也",让生命在推进党和人民崇高事业中闪光,在为党和人民的事业奋斗中实现人生的价值。

二是不断修炼朝气。毛泽东曾号召,要有朝气,就是要有蓬勃向上发展之气。有朝气生命才旺盛。一个政党,最宝贵的是历尽沧桑,还怀有一颗赤子之心,百年恰是风华正茂。一个人只要始终奋发进取、斗志昂扬,即使耄耋百岁,依然朝气蓬勃。领导干部修炼朝气,必须永葆年轻人的心态、奋斗者的姿态、有为者的状态,乐观自信,心怀梦想,不负韶华,敢于创新,积极进取,奋发作为。

三是不断修炼大气。凡大气者,皆有大境界、大格局、大情怀,亦能挑大梁、干大事、成大业。欲成"大器",必修"大气"。领导干部修炼大气,必须培育"我将无我"的高境界、"胸怀天下"的大格局、"忧国忧民"的大情怀。必须自觉把"小我"归入"大我","小局"归入"大局","先天下之忧而忧,后天下之乐而乐"。必须海纳百川、豁达洒脱,能容人容言容事。必须无私无畏,"计利当计天下利,求名应求万世名","心底无私天地宽"。

四是不断修炼勇气。古希腊政治学家伯利克里曾说,真的算得勇敢的人是那个最了解人生的幸福和灾患,然后勇往直前,担当起将来会发生的事故的人。越是艰难越向前。习近平总书记指出,中华民族伟大复兴,"我们还有许多'雪山'、'草地'需要跨越,还有许多'娄山关'、'腊子口'需要征服"①。狭路相逢勇者胜。领导干部必须不断修炼勇气，直面困难、攻坚克难，不负使命，敢于斗争，勇往直前、越挫越勇，以"万折必东不回头"的勇毅、"赴百仞之谷而不惧"的无畏，为党和人民创造优异的业绩。

五是不断修炼豪气。孟子曾说："如欲平治天下，当今之世，舍我其谁也？"为官避事平生耻。领导干部是党和人民事业的"骨干"、改革开放的"闯将"、攻城拔寨的"尖兵"，尤其需要修炼一股"我将无我、不负人民、舍我其谁"的冲天豪气。只有树立"自信人生二百年，会当水击三千里"的豪情壮志，才能事不避难、义不避责，关键时刻站得出、危难关头豁得出，敢于涉险滩、破坚冰、攻堡垒、拔城池，不做"庸官""懒官"。

六是不断修炼正气。"政者，正也。""正"是"政"的根本和源泉，"政"是"正"的躬行和实践。"子率以正，孰敢不正？"领导干部带头做到守正理、走正道、做正事、当正人，才能以正服人、以正资政。正气源于端正的操守、高尚的道德、坚定的信仰、深厚的学养。领导干部要不忘初心、牢记使命，明大德、守公德、严私德；要公正用权、依法用权、廉洁用权；要弘扬正气、压制邪气，破除潜规则、强化明规则，做营造风清气正政治生态的推动者、实践者、示范者。

七是不断修炼和气。古人云，和，顺也，谐也。天地之气，莫大于和，和乃生，不和不生；和则成，不和则隳。君子如玉，和气致祥。领导干部只有不断修炼和气，才能吸引人、团结人、凝聚人。要修德如玉，加强政德修炼，大度包容，容言容事容人。要寻求最大公约数，画好最大同心圆，团结一切可以团结的力量；要讲党性

---

① 《习近平谈治国理政》第 2 卷，外文出版社 2017 年版，第 49 页。

不讲私情、讲真理不讲面子，用好批评和自我批评这个锐利武器，做到圆融而不圆滑、和谐而不和稀泥、团结而不结团。

八是不断修炼骨气。古人云，"富贵不能淫，贫贱不能移，威武不能屈"。领导干部要练就"铮铮傲骨"，就要坚持原则、站稳立场、秉公办事，注重构建清清爽爽的上下级关系，对上做到从道不从上、唯实不唯上、跟理不跟人，对下做到护人不护短、关爱不溺爱、靠团队不靠团伙，讲党性不讲派性。就要树立正确的名利观，摆脱名缰利锁的羁绊，在名利诱惑面前保持定力，情系百姓、甘于奉献，清清白白做官、干干净净做事。

四、领导干部要不断修炼好"五行"品质

中国古人认为，金、木、水、火、土是大自然的最基本物质，这五种物质相生相克的运动变化构成了宇宙万物，简称"五行"学说。"五行"学说是我国古代先民认识世界的重要方法，是一种原始的系统观，"五行相生"体现了事物普遍联系与永恒发展的规律，"五行相克"又体现了事物对立与统一的规律，闪烁着朴素的唯物主义和辩证法思想。习近平总书记指出："中国传统文化博大精深，学习和掌握其中的各种思想精华，对树立正确的世界观、人生观、价值观很有益处。"[①] 领导干部修身立德、为官从政应当从中华民族传统文化的"五行"思想中，汲取有益的营养和智慧，不断修炼"五行"品质。

一要品德如"金"。黄金具有稳定性，不易与其他金属发生反应，经得起时间考验而不变质；具有纯粹性，纯度高，不含杂质；

[①] 《习近平谈治国理政》第1卷，外文出版社2018年版，第405页。

具有抗腐性，不易被氧化，表面亮丽夺目而不变色；同时金较为稀有、开采提炼不易，使它十分珍贵，拥有不凡价值。其不变质、不掺杂、不变色的特性正像人的品德一样。领导干部当修德如金，加强思想淬炼、政治历练、实践磨炼，使信念坚定得像"金"一样稳定，永不变质。要表里如一、始终如一，使忠诚锤炼得像"金"一样纯粹，永不掺杂。要严以修身、严以用权、严以律己，使廉洁净化得像"金"一样干净，永不变色。

二要做人如"木"。"合抱之木，生于毫末。"木，生生不息，一粒小种子，就可以长成参天大树。《说文解字》解释："木，冒也。冒地而生。东方之行，从草，下象其根。"意思是说，木冒出地面向上生长，向着东边太阳的方向发展，并不断向下延伸它的根系。树木，总是专注一个方向、瞄准一个目标、扎根土壤、根深蒂固，面向阳光、栉风沐雨，从而固秀挺拔、顶天立地，成为栋梁之材。领导干部当不断修炼"木"的品质，历经风雨，茁壮成长，积极进取，奋发向上；脚踏实地，深入大地，扎根实际、扎根基层、扎根群众；枝繁叶茂，遮风挡雨，心中有民、为民造福。

三要格局如"土"。土，是滋养万物成长之源，构建万厦拔地之基。《尚书》曰："土爰稼穑。"稼穑，指土有种植和收获农作物的作用。引申为具有生化、承载、受纳作用的事物，均归属于土。土是人类和所有生灵生存的场所，是人类安身立命的根本。它承载万疆而不言，化生万物而无怨，土疆广袤、土性墩厚，平凡真实、厚重深沉。领导干部要不断修炼像"土"一样的品质，拥有大格局、大境界、大情怀，气象博大，胸怀天下；永远厚重实在，质朴无华，淳朴做人、勤朴做事、俭朴生活；始终深沉不语，无怨无悔，为民甘于奉献、乐于奉献、矢志奉献。

四要心境如"水"。《尚书·洪范》曰："水曰润下。""润"即滋润，指水能够营造舒适的环境，以滋润万物；"下"即向下，指水柔顺，从高处往低处流，融会成江海。水从容大度，川泽纳污，不问出处都愿融为一体；水贵人贱己，滋润万物，不与万物发生矛盾冲突；水刚中柔外，执着坚韧，不舍昼夜穿山凿石奔流归海。领导干部一定要历事炼心，修炼像"水"一样的心境，常怀"海纳百川"的包容之心，容人、容事、容言；常怀"避高趋下"的谦逊之心，低调做人、谦逊做事、低调为官；常怀"滴水石穿"坚韧之心，以柔克刚，持之以恒，干事创业立恒志、有恒心、用恒力。

五要行事如"火"。《说文解字》解释："火，燬也。南方之行，炎而上。"意思是说，火，可以烧毁一切的东西，火光熊熊气势向上。"五行"中"火曰炎上"。"炎上"，指的就是火这种炎热、光明、上升的特性。火，给人光明，常常被誉为希望的火种，象征着希望；炙热升腾，人们常说热火朝天、风风火火，代表着旺盛激情。火还是一个给人温暖、传导热量的能量之源，温暖人心、鼓舞人心。"爝火燃回春浩浩，洪炉照破夜沉沉。"领导干部行事就应当像"火"一样，做一团不甘熄灭的星星之火，对党和人民的事业，始终满怀希望；做一团熊熊燃烧的激情之火，感知使命、担负责任，始终对工作热情洋溢；做一团催人奋进的力量之"火"，燃烧自己，照亮别人，温暖人间。

五、自觉修炼些"书卷气"

"腹有诗书气自华。"书卷气自然采自于书卷，得益于孜孜不倦地读书。"书卷气"不是"书生气"，是一个人学识底蕴的深刻展现、人品才华的自然流露，是社会风气的精神标杆、良治善政的重要基石。荀子曰："学者非必为仕，而仕者必为学。"书卷气不是与生俱来的，而是日积月累沉淀下来的。领导干部应养成终身读书学习的习惯，坚持在研究状态下工作，处理好"学"与"思"、"专"与"博"、"虚"与"实"、"知"与"行"的关系，学习、学习、再学习，实践、实践、再实践，通过读书学习，不断增强自身的才气、底气、朝气、正气、大气、静气、地气，形成独具魅力的书卷气，进而转化为领导力。

一要涵养底蕴深厚的才气。曾国藩曾说，人之气质，由于天生，很难改变，唯读书可以改变。读书可以让人保持思想活力，得到智慧启迪，增强知识才干。不管做多大的官，不读书便不过是一介俗吏。曾国藩一生半天办公，半天读书。毛泽东博览群书，才有"掌上千秋史，胸中百万兵"的雄才伟略。读书打通了人生的大俗和大雅。领导干部要永怀读书和思索的慧根，孜孜不倦、博览群书，涵养党和人民事业发展所需要的才气。

二要积蓄扎实沉稳的底气。"人无底气，生无根据。"读书是一个人最大的底气。心中有信仰，脚下有力量。习近平总书记指出："学习马克思主义基本理论是共产党人的必修课。"[1] 领导干部要坚定对马克思主义的信仰、对社会主义和共产主义的信念，不断增强"四个意识"、坚定"四个自信"、做到"两个维护"。"工欲善其事，必先利其器。"要保持能力不足的危机感，不断通过学习着力增强科学思维，提高治理能力和治理水平。

三要激发蓬勃向上的朝气。苏格拉底说过："我唯一所知的是我一无所知。"正是读书学习让智者保持了一种对知识的永恒求索和热情。中流击水，奋楫者进。进入新时代，我们比历史上任何时期都更接近、更有信心和能力实现中华民族伟大复兴。但是如果在一片

---

[1] 习近平:《论党的宣传思想工作》，中央文献出版社2020年版，第305页。

喝彩声、赞扬声中丧失革命精神和蓬勃朝气，就会"一篙松劲退千寻"。领导干部坚持学习不放松，激发工作热情，改革创新、奋发进取、一往无前，才能"百尺竿头更进一步"。

四要涵养淡定从容的静气。心浮则气躁，气躁则神难凝。领导干部只有把读书学习当成一种习惯、一种乐趣，才会在心中种下"静气"的种子，才会长出淡泊、奋进、无畏的幼苗，结出"咬定青山不放松"的坚韧之果，呈现"泰山压顶我自岿然不动"的淡定之实，最终收获的是廉洁、安宁和幸福。知足常乐，可以长久。沉得住气才能拿得出手，要守得住清贫、耐得住寂寞、经得起诱惑、稳得住心神，以平常心对待得失，把岗位当作干事的平台，精心谋事、潜心干事、专心做事、坦荡处事。

五要厚植亲民爱民的地气。"源浚者流长，根深者叶茂。"领导干部来自群众、植根群众，只有为了群众、依靠群众，才能获得力量之源。要拜群众为师、向群众学习，把群众呼声作为第一信号，诚心诚意为群众办实事，尽心竭力解难事，坚持不懈做好事。

六、领导干部修身的精髓在于修心

《礼记》有云："古之欲明明德于天下者，先治其国；欲治其国者，先齐其家；欲齐其家者，先修其身；欲修其身者，先正其心。"心正则身正，身正则影直，修身与修心是辩证统一的。心是"本"、身是"道"，修心决定着修身的方向；心是"里"、身是"表"，修心决定着修身的状态；心是"因"、身是"果"，修心决定着修身的成效。领导干部要把修心正身作为必修课，格物致知，诚意正心，改造主观世界，在小事小节上严格要求自己，在日常点滴中不断完善自己。

一要始终保持对党"忠心"。天下至德，莫大于忠。忠诚比能力更重要。对领导干部来讲，忠心是第一操守、第一要求，是检验一个干部成熟与否的"试金石"，也是决定一个干部成长的"压舱石"。习近平总书记指出："对党绝对忠诚要害在'绝对'两个字，就是唯一的、彻底的、无条件的、不掺任何杂质的、没有任何水分的忠诚。"[①]忠诚不"绝对"，就是"绝对不忠诚"。领导干部要始终百分之百忠诚于信仰、忠诚于组织、忠诚于人民，不做两面派，不搞"伪忠诚"。

二要始终饱含对群众"真心"。为中国人民谋幸福，为中华民族谋复兴，是中国共产党人的初心和使命。得民心国家必安，失民心国家必危。民心是最大的政治，对群众饱含"真心"是身为领导干部题中应有之义。领导干部要牢固树立群众观点，站稳群众立场、走实群众路线、做好群众工作，以"人民对美好生活的向往"为奋斗目标，让以人民为中心的发展思想刻进骨子里、融入血液中、落到行动上。树立"改善民生是最大公务"的理念，以百姓心为心，以群众事为事，始终把"人民拥护不拥护、赞成不赞成、答应不答应"作为工作和行动的第一准则，为群众办实事、办好事、解难事。

三要始终恪守对权力"公心"。习近平总书记强调："我们的权力是党和人民赋予的，是为党和人民做事用的，姓公不姓私，只能用来为党分忧、为国干事、为民谋利。"[②]"公器"不能私用。领导干部任何时候都必须秉公用权，不搞特权，不以权谋私。"公者千古，私者一时。"凡事出于公心，方能走得实、走得远。无私者无畏，公道自在人心。"政声人去后，民意闲谈时。"领导干部只有常怀天下

[①] 习近平：《论坚持党对一切工作的领导》，中央文献出版社2019年版，第82页。
[②] 《习近平著作选读》第1卷，人民出版社2023年版，第341页。

为公之心，大公无私，才能从容无畏敢干事、干成事、不出事。

四要始终追求对事业"专心"。古人云："守少则固，力专则强。"粗放型的领导方式和领导方法，已不能适应新时代的发展要求。专业化水平是专业知识、专业思维、专业方法、专业能力、专业精神的综合。领导干部要"在其位、谋其政"，干一行、爱一行、钻一行、精一行，加快知识更新、加强实践锻炼，无论何时何地，都必须拥有满腔热情、矢志创新的精神状态，以严肃认真的态度对待自己的工作，精益求精，努力成为本职岗位上的行家里手。

五要始终常怀对纪律"戒心"。人不以规矩则废，党不以规矩则乱。严守纪律，关键在于心中有戒。所谓"戒"，就是禁戒，即管束自己的行为、语言、思想，不出现过失。共产党人心中的"戒"，是其为人处世、干事创业必须坚守的理想信念和道德法律底线。这个"戒"，不是一时之戒、一事之戒，而是在心中扎根的"戒"。有多自律，就有多自由。从政贵在自律，自律才能保廉。领导干部只有心有所"戒"，才能行有所止，只有不断增强政治定力、纪律定力、道德定力、抵腐定力，才能在权力、金钱、美色的诱惑面前不为所动，始终保持共产党人清正廉洁的政治本色。

六要始终严守对自己"清心"。人到无求品自高。古往今来，凡志存高远者，都"无求"于名利，却"有求"于大道。领导干部一定要自我警醒、自我约束、自我克制，把满足个人贪欲、一味追求个人享受视为祸害，自觉做到防微杜渐，努力避免摔大跤、栽跟头。领导干部手握重权，当"不畏人知畏己知"，将修身自律的功夫放在平常，时时修葺自己的思想园地，锄去多余的丛生杂草，纯净自己的心灵家园。贪婪是走向毁灭的开始。若心存贪念、私欲膨胀、利字当头，必然就会城门洞开、防线失守、害人害己。要牢记"手莫伸，伸手必被捉"的警言，慎独、慎初、慎微、慎欲，永葆共产党人的政治本色。

七、努力修炼自己的人格魅力

习近平总书记曾指出,"人格魅力是领导干部人品、气质、能力的综合反映,也是党的干部所应具有的公正无私、以身作则、言行一致优良品质的外在表现"[①]。人格魅力是领导干部的立身之本、权威之源、形象之魂、效能之基。面对新时代复杂多变的形势和艰巨繁重的改革发展任务,领导干部必须具有品德魅力、思想魅力、才华魅力、情怀魅力、形象魅力,增强政治领导力、思想引领力、群众组织力、社会号召力,团结带领干部群众不忘初心、牢记使命、砥砺前行。

一是"心中有信仰,脚下有力量"——要以坚定的理想信念引领人格魅力。信仰是人类对崇高价值目标的敬仰和追求,它关乎一个人的精神境界、一个政党的目标指向、一个民族的兴衰存亡。信仰是暗夜里的灯,是催人奋进的鼓。习近平总书记指出,"领导干部要把理想信念时时处处体现为行动的力量,树立起让人看得见、感受得到的理想信念标杆"[②]。革命理想高于天。对每一名领导干部来说,坚定信仰是最重要的党性修养,只有坚定信仰,才能在纷繁复杂的情况中保持航向,保持共产党人的本色,对党忠诚、向党负责、为党分忧,践行好全心全意为人民服务的根本宗旨。

二是"人无德不立,官无德不为"——要以高尚的道德品质塑

---

① 习近平:《干在实处 走在前列——推进浙江新发展的思考与实践》,中共中央党校出版社2006年版,第462页。

② 《落实创新协调绿色开放共享发展理念 确保如期实现全面建成小康社会目标》,《人民日报》2016年1月7日。

造人格魅力。古人云:"以力服人者,非心服也,力不瞻也;以德服人者,中心悦而诚服也。"为官先做人,做人先立德。习近平总书记强调:"领导干部要讲政德。政德是整个社会道德建设的风向标。"[①]领导干部要把做人的过程看作是完善自我人格、夯实从政基石的过程,把做官的过程看作是提升政治品德的过程。德高才能率众,以德才能服人。"德不厚者不可以使民。"只有具备高尚的道德素质,才能增强自身影响力,团结带领广大干部群众实现各项目标,以道德的力量赢得人心、赢得事业。

三是"腹有诗书气自华"——要以持之以恒的学习提升人格魅力。名声与尊贵,永远来自真才实学。知识决定底蕴,见识决定水平。只有把学习当作一种良好的习惯,融入自己的生活和工作,才能将学到的知识转化为自己的能力素质和人格魅力。领导干部要激发学习的内生动力,多一些书卷气,少一些烟酒气,活到老、学到老,勤学不辍、苦学不止。坚持干中学、学中干,知行合一,学以致用,做到政治强、懂专业、善治理、敢担当、作风正。

四是"没有金刚钻,揽不了瓷器活"——要以出色的才能展现人格魅力。领导干部只有具备高强本领,工作才能驾轻就熟、游刃有余、出新出彩。领导就要带领大家干、引导大家走,有能力的领导才会受爱戴。领导干部要时刻保持"本领恐慌",面对工作中的各种风险、压力、挑战,注重在持之以恒的知识更新和实践锻炼中不断补足知识弱项、能力短板、经验盲区,在总结反思中不断求实、求变、求优,练就一手"绝活"、几把"刷子",成为行家里手、内行领导,挑起硬担子,肩负起时代重任。

[①] 中共中央党史和文献研究院编:《习近平关于全面从严治党论述摘编》(2021年版),中央文献出版社2021年版,第342页。

五是"喊破嗓子，不如做出样子"——要以强烈的使命担当彰显人格魅力。有多大担当才能干多大的事业，尽多大责任才会有多大成就。权力就是责任，责任就要担当。选择了当共产党的干部，就是选择了吃苦和奉献。职位越高，责任就越大，要求也越高，本事也要越大。肩扛千斤谓之责，背负万石谓之任。领导干部要爱岗敬业、履职尽责、担当作为，为民造福、为党分忧，做到在岗一分钟、战斗六十秒，在履职尽责中体现价值。

六是"我将无我，不负人民"——要以真挚的为民情怀诠释人格魅力。感人心者，莫先乎情。谁把人民扛在肩上，人民就把谁装进心里。凡联系群众、作风民主、体察下情、待人宽厚、平易近人的领导干部，自会因强烈的感召力而深得人心、树立威信。习近平总书记指出："中国共产党坚持执政为民，人民对美好生活的向往就是我们的奋斗目标。"[1] 领导干部要始终不忘初心、牢记使命，树立正确政绩观，始终把人民放在心中最高位置，时刻把群众的冷暖放在心上，多做雪中送炭的事，不搞劳民伤财之举，把工作做到群众的心坎上，不厌其烦、不畏其难，不断增强人民群众的获得感、幸福感、安全感。

七是"当官就要有当官的样子"——要以廉洁自律的形象焕发人格魅力。领导个体的形象，就如一个单位的"品牌"。古希腊哲学家泰勒斯说过，做什么事情最难，管理好自己最难。要想领导他人，必先管好自己。领导干部要以科学的世界观修己、以正确的人生观立身、以鲜明的价值观明志、以干净的权力观为官、以务实的政绩观行事，以廉洁的形象，给人以正义感；以公正的形象，给人以公道感；以勤政的形象，给人以楷模感；以民主的形象，给人以信任

---

[1]《习近平著作选读》第 1 卷，人民出版社 2023 年版，第 221 页。

感。通过修炼强大的人格力量,更好地带领人民群众为实现"两个一百年"奋斗目标和中华民族伟大复兴的中国梦努力奋斗。

八、注重修炼好从严治家的基本功

天下之本在国,国之本在家。习近平总书记指出,"领导干部的家风,不是个人小事、家庭私事,而是领导干部作风的重要表现"[①],"不论时代发生多大变化,不论生活格局发生多大变化,我们都要重视家庭建设,注重家庭、注重家教、注重家风"[②]。一家仁,一国兴仁;一家让,一国兴让。优良家风是领导干部干事创业的"软实力"、修身齐家的"必修课"、作风状况的"晴雨表"、抵御贪腐的"防火墙"。坚定理想信念是树立好家风之根本,强化党性修养是树立好家风之重要法宝,增强公仆意识是树立好家风之思想基础,弘扬优良作风是树立好家风之内在要求,自觉接受监督是树立好家风之外部条件。家风如春雨,润物细无声。领导干部必须从十个方面修炼好从严治家的基本功。

一是必须有家国情怀。家是最小国,国是千万家。领导干部必须做到"君子检身,常若有过",常修为政之德,练就"计利当计天下利,求名当求万世名""我将无我,不负人民""但愿苍生俱饱暖,不辞辛苦出山林"的家国情怀;"天下兴亡,匹夫有责"的崇高责任;"位卑未敢忘忧国"的深沉情愫和"苟利国家生死以,岂因祸福避趋之"的决绝担当,把个人进退荣辱、家庭兴衰成败与国家前途命运

---

① 《做培育良好家风的表率——深入学习贯彻习近平同志关于家风建设的重要论述》,《人民日报》2016年7月25日。

② 中共中央党史和文献研究院编:《习近平关于注重家庭家教家风建设论述摘编》,中央文献出版社2021年版,第3页。

紧密联系起来，把治家与治国统一起来，把家庭梦融入中国梦，以对党和人民的绝对忠诚，担负起实现中华民族伟大复兴的历史使命。

二是必须正确处理事业与家庭的关系。《了凡四训》中有四句话："上思报国之恩，下思造家之福，外思济人之急，内思闲己之邪。"领导干部既要讲亲情，更要明大义。"从官重公慎，立身贵廉明。"工作的事再小也是大事，家庭的事再大也是小事。要正确对待和处理公与私的关系，做到"内无杂念，外无妄举"。平安就是对家人最好的回报。要始终清正廉洁、勤政为民，不让家人为自己担惊受怕，不让家人因自己的错误而蒙羞，留一生廉洁给自己，送一份幸福给家人。

三是必须做到"欲当清官，先理好家事"。家庭是弘扬社会主义核心价值观的重要载体，是价值观的传播渠道，是人生的第一课堂。"一屋不扫，何以扫天下。""治大国若烹小鲜。"对领导干部而言，必须坚持内外兼修、齐家治政，真正安好家庭成长摇篮、守好家庭廉洁堤防、建好家庭幸福港湾。"妻贤夫祸少，子孝父心安。"领导干部必须不让原则在亲情面前变通、不让底线在亲情面前失守，用清清白白、干干净净、堂堂正正的品性充盈家风、熏陶家人、默化家庭，以家风涵养官德，以官德淳化家风。

四是必须爱家有度，治家有方。礼义兴家，诗书传家；严是爱，宽是害。古人云，"爱子，教之以义方"，"爱之不以道，适所以害之也"。领导干部必须从身边人身边事严起，看好家门、管好家人、理好家事。要划清公与私分界线，吃透严与爱辩证法，对家属子女爱之有度、教之有方，管好自己不出事，管好家人不添乱。要算清"政治账""经济账""名誉账""家庭账""亲情账"，不为一己私利和儿女情长所羁绊，过好家庭关、亲情关，真正成为引领社会风尚、弘扬社会正气的好榜样和导向标。

五是必须以勤俭为家风之本。生活清简是领导干部应追求和保持的境界，要乐于把节俭作为培育良好家风的行为准则。大道至简，居敬行简；勤于持家，俭以养德。要把节俭持家与勤俭兴业结合起来，发扬艰苦奋斗的精神。由俭入奢易，由奢返俭难。要自觉远离奢侈欲的诱惑，不仅自己要以俭为荣、以奢为耻，还要教育子女摒弃"衙内"思想，克服优越感、纨绔气，力戒大手大脚、浪费挥霍。良好家风才是留给子女的最大遗产。要教会子女自立自强，遵纪守法、艰苦朴素、自食其力，成为有理想、有本领、有担当的时代新人。

六是必须尽孝道、崇厚道、行正道。"积善之家，必有余庆；积不善之家，必有余殃。"真善美是做人的高境界，求善行善是家风的高标尺。百善孝为先。"老吾老，以及人之老。"领导干部要有孝顺父母的孝心、善待妻儿的爱心。要坚持厚道为人、友善待人。厚道之人让人信赖、让人踏实，做朋友可交、为长辈可敬、当领导可从、居下属可用。人间正道是沧桑。必须坚定理想信念，坚持以实干立身，时刻保持清醒头脑，防微杜渐过好"诱惑关"，洁身自好过好"自律关"，从善如流过好"监督关"。

七是必须克己奉公，公私分明。"政在去私，私不去则公道亡。"权力只能用来为党分忧、为国干事、为民谋利，决不能异化为牟取私利的工具。计利当计天下利，求名当求万世名。习近平总书记指出："作为党的干部，就是要讲大公无私、公私分明、先公后私、公而忘私，只有一心为公、事事出于公心，才能坦荡做人、谨慎用权，才能光明正大、堂堂正正。"[1] 心底无私天地宽。领导干部要掌权为公、用权为民，"清风两袖朝天去，不带江南一寸棉"，"捧着一颗心

---

[1]《习近平谈治国理政》第1卷，外文出版社2018年版，第394页。

来，不带半根草去"。阳光是最好的"防腐剂"，监督是有效的"防火墙"。领导干部要自觉接受组织、群众和舆论的监督，慎独慎微慎欲，筑牢清白为官的"防火墙"。

八是必须摒弃"官本位"思想。"官本位"是一种以官为本、以官为贵、以官为尊的价值观，是中国封建专制文化的"糟粕"。曾国藩曾说："做人一定要像人，做官不可太像官。"春秋时期宋国大夫正考父在家庙的鼎上铸上铭训："一命而偻，再命而伛，三命而俯。循墙而走，亦莫余敢侮。"说的就是人不能因为升了官就得意忘形、颐指气使、嚣张跋扈，反而应该更加谨慎，甚至"诚惶诚恐""夹着尾巴做人"。领导干部要本色做人、角色做事，履职尽责，切忌有权任性、"官升脾气涨"、"错把平台当本事"。

九是必须做到"门无杂宾"。干净的生活必源自干净的圈子。领导干部交友，不仅是个人小事，也是事关干部作风建设和党的形象的大事。君子之交淡如水。领导干部应自觉净化自己的朋友圈，保持精神上的净土，守好内心的精神家园。领导干部手握公权，很容易成为被攻关甚至"围猎"的对象。苍蝇不叮无缝的蛋。要自觉疏远小人，交友有方、交往有度，从思想上守住第一道防线，行为上把住第一道闸门。要加强党性修养，坚定理想信念，提升道德境界，远离低级趣味，追求高尚情操，自觉抵制歪风邪气，谨防在"爱好"上栽跟头。

十是必须防止"后院起火"。家庭是领导干部工作生活、成长进步的"大后方"。一人不廉，全家不圆，正己才能正亲。身行一例，胜似千言；将教天下，必定其家，必正其身。领导干部首先要廉洁修身、清白传家，做家风建设的表率。良好家风是抵御腐败的重要防线。领导干部要善于治家，清正齐家，严肃家规，从最近身的地方构筑抵御贪腐的防护网，管好"枕边人""身边人"，让家人成为

"廉内助"、当好廉洁"守门员"。

九、切实加强思考力的修炼

法国著名哲学家帕斯卡尔说过："人是能够思想的芦苇。人的全部的尊严就在于思想。"思考是思维的一种探索活动，是人类借助心智对信息内容的加工过程，而思考力是在思维过程中产生的一种具有积极性和创造性的作用力，可以将"死"的知识变成"活"的智慧。拿破仑曾说："世界上有两种东西最有力量，一是剑，二是思想，而思想比剑更有力量。"对领导干部而言，思考力是领导力的前提、决策力的基础、竞争力的核心、创造力的关键。新时代的领导干部应当勤于学习，勇于实践，善于总结，重点修炼十种思考力。

一是别具慧眼、卓尔不群的独立思考力。《史记》曰："千人诺诺，不如一士谔谔。"人是靠思想站立的。思想领先是最具优势的领先，思想领导是最根本的领导。独到的眼光比知识更重要。爱因斯坦说过："学会独立思考和独立判断比获得知识更重要。"拥有独立思考的能力，视角会更宽广，思维也会更缜密，更善于发现、分析、解决问题。俗话说，一人独处慎于思，与人相处慎于言。领导干部要有一点孤独感，学会适当让自己从社交网络上"离线"，有意"孤立"自己，远离喧嚣，回归宁静，学会专注，让自己的思维不断增值，不做人云亦云的"八哥鸟"。

二是追根究底、入木三分的深度思考力。深度思考就是要充分调动大脑里的信息来把一个问题想透彻，让思维具有洞察力和深刻性。知其然，还要知其所以然。领导干部要发扬"打破砂锅问到底"的精神，形成一套完整的链式思维习惯，像"剥洋葱"一样层层逼近问题核心，直至完全解决问题。思想深度决定未来高度。思想越深邃，内心就会越强大。要勇于克服畏难情绪，拾级而上，带着深刻的思想去顺应时代的潮流。只有深入，才能深刻。要学会深入浅出、连线成片，任何工作任务都不能浮在面上、挂在口头，要在"深"和"实"上下功夫，培养凡事深入思考的习惯。

三是另辟蹊径、与时俱进的创新思考力。古人云："苟日新，日日新，又日新。"过去有效的方法，现在未必行得通；过去符合实际的制度，现在却未必合时宜；过去不可逾越的思想，现在则需要突破。有破才有立，不日新必日退。思想率先破冰，创新才能突围。"问题是创新的起点，也是创新的动力源。"新时代领导干部要树立创新思维，以"敢为天下先"的勇气，勇于破除陈规旧俗，克服思维惯性和惰性，突破思维定式和观念障碍，打破路径依赖和利益藩篱，坚持问题导向，准确把握创新、科学推进创新、主动追求创新，不断增强工作的系统性、预见性和创造性。

四是举一反三、反观内照的自省思考力。有哲人说："'过往'最大的价值不是缅怀，而是提取经验。"习近平总书记强调："工作中的经验是财富，工作中的教训也是财富，关键在于是否善于总结。"[①] 大道至简，悟在天成。领导干部要学会回顾目标、重演过程、反思探究、分析原因、总结规律，善于将复杂问题简单化、将抽象问题具体化、将理论问题通俗化。要修好反省必修课，在工作"热运行"中来点"冷思考"，利用静下心"踱方步"的时机，回顾和总结自己以往的工作，从中汲取经验与教训，并进行思维上的"二次加工"，通过反思自省，悟出独到的东西，校正自己的缺点和错误，避免冲动和盲目，不在同一个地方跌倒两次。

五是实事求是、科学理性的辩证思考力。辩证思维是把握认识

---

① 《干事创业必须实现四次升华》，《学习时报》2014年11月24日。

事物的本质与规律的一种方法，强调用发展的、联系的和全面的眼光看问题，防止静止、孤立、片面地看问题。领导干部要掌握对立统一的原理，坚持"两点论""重点论"，学会"一分为二"地分析问题。要掌握质量互变原理，重视量的积累，注意事物细小的变化，不可揠苗助长、急于求成，对于消极因素，要防微杜渐；同时又要根据事物的发展进程，不失时机地促使事物由量变到质变转化。要正确认识事物发展的曲折性和前进性，掌握否定之否定规律，坚持在自我否定中修正错误、不断前进。

六是纲举目张、条分缕析的系统思考力。世界上的万事万物都是相互联系的，系统与外部环境、系统内部各要素之间都是相互关联的。整体永远大于部分之和。整体不是多个部分的简单堆砌，而是各部分、多要素科学组合而成的有机系统，各部分之间相互作用、形成合力。系统不是以平面的形式存在的，而是纵向和横向的统一。领导干部要构建立体系统思维，学会多维度、多层面、多层次地看待、思考、分析事物和问题。要把每一个要素放在整个系统之中、放在大背景之下来考虑，从整体上综合地把握对象，使分析和综合相互渗透、同步进行，着眼于全局来认识和处理各种矛盾问题，实现最优化的总体目标。

七是高瞻远瞩、运筹帷幄的战略思考力。北宋文学家苏洵曾说："彼不先审天下之势而欲应天下之务，难矣。"不畏浮云遮望眼，自缘身在最高层。从"山顶"视角看问题，才能极目远眺，才能"一览众山小"。领导干部要坚持全局思维，学会跳出自身看自身，做到登高望远、俯瞰全域、胸怀大局，无论是决策还是执行都要通盘考虑，既考虑局部、顾及局部，又坚持服从全局、顾全大局。要锻炼超前思维，既立足当前又着眼长远，预见趋势、把握趋势，见微知著、准确研判、抓住重点、有条不紊，有步骤、有计划、有策略地推进各项工作，不断提升工作的前瞻性、预见性、主动性。

八是法律至上、公平正义的法治思考力。法治思想是我们党执政能力现代化的重要标志和战略方针。只有让法治思维成为领导干部履职履责的内在自觉，才能高效、公正地解决问题、推动发展。必须树立法律至上的意识，心中要真正敬畏和尊重法律，行动上要真正服从和落实。必须树立"将权力关进制度的笼子"的法治思维，依法用权、秉公用权、廉洁用权。必须善于将制度优势转化为发展优势，增强制度意识，自觉维护制度权威，坚持和完善好、巩固和发展好各方面制度，善于在制度的轨道上推进各项事业。

九是居安思危、防患未然的底线思考力。古人说："人无远虑，必有近忧。"只有坚守底线思维，才能做到"明者防祸于未萌，智者图患于将来"。习近平总书记指出："我们党是生于忧患、成长于忧患、壮大于忧患的政党。"[1] 忧患就是在"治平之事"中看到"不测之忧"。知其可为而为之，知其不可为而不为。领导干部要学会用底线思维来"说话办事""为人处世"，思有所"虑"、心有所"戒"、行有所"惧"，做到从底线出发，不断逼近顶线。要既"想一万"、又"想万一"，从最好处着眼，从最坏处准备，喜不忘忧、未雨绸缪、防患未然。

十是严谨细致、对症下药的精准思考力。天下大事，必作于细。领导干部要培养精准思维，精准开展工作。大处着眼，小处着手。领导干部要学会从小处做起，从点滴抓起，精准聚焦事关群众切身利益的每一件小事，不断积小胜为大胜。要学会看菜吃饭、量体裁衣，出台政策举措因地制宜，避免"大水漫灌"，克服"大概""凑

---

[1] 中共中央党史和文献研究院编：《习近平关于防范风险挑战、应对突发事件论述摘编》，中央文献出版社2020年版，第15页。

合""差不多"等简单应付、大而化之的思想。要充分考虑差异化情况，具体问题具体分析，坚持分类施策，增强政策针对性，精准补短板、破难点、抓重点，各个击破，整体提升，推动工作精准落地。要发扬滴水穿石的韧劲，拿出钉钉子精神，一张蓝图绘到底，久久为功、善作善成。

十、定力修炼永无止境

"定力"多用来指能够控制自己的欲望和行为、专心致志于某一件事的能力。其本质是人的意志控制力和行为坚持力，表现出来的是一种坚强的意志和执着的信念，体现出一种超凡的境界和睿智。一个人有定力，就能不随物流、不为境转，经得起挫折，耐得住寂寞，坐得住冷板凳，就能静亦定、动亦定，最终有所成就；一个政党、国家、民族有定力，才能历经磨难而初心不改，始终沿着自己的方向、道路向前走，傲视群雄、屹立全球。定力不是与生俱来的，也不会凭空产生，更不会自然增强。当今世界正面临百年未有之大变局，领导干部只有定向、定心、定身，坚持不懈修炼自我定力，才能心有所畏、言有所戒、行有所止，成长为一名忠诚干净担当的高素质干部。

一要增强战略定力，牢牢把握大局大势。战略定力是在错综复杂的形势下为实现战略意图和战略目标所具有的自信、意志和毅力。保持战略定力是我们党在发展历程中不断坚定信念、夺取胜利的宝贵经验，是我们国家在重大变局中保持清醒、抓住机遇的必然选择。习近平总书记指出："战略问题是一个政党、一个国家的根本性问题。战略上判断得准确，战略上谋划得科学，战略上赢得主动，党和人民事业就大有希望。"[①] 面对风险与挑战，能不能始终保持坚如磐石的战略定力，是检验领导干部政治品格、能力素质的试金石。领导干部要坚定战略自信，毫不动摇坚持和发展中国特色社会主义；要保持战略清醒，集中精力做好自己的事；要把握战略主动，赢得发展先机；要锤炼战略耐力，始终坚持稳中求进工作总基调。这是实现社会主义现代化战略目标、实现中华民族伟大复兴中国梦的重要基础。

二要增强政治定力，坚决认清大是大非。政治定力是坚定政治信仰和政治立场、坚守政治追求和保持政治方向的能力。检验一名干部理想信念是否坚定，主要看其在重大政治考验面前有没有政治定力，是否能树立牢固的宗旨意识，是否能对工作极端负责，是否能做到吃苦在前、享受在后，是否能在急难险重任务面前勇挑重担，是否能经得起权力、金钱、美色的诱惑。政治定力是领导干部的首要政治素质，承载着领导干部理想信念、党性修养、责任担当等方面的内容，是领导干部对党忠诚的"定盘星"。领导干部修炼政治定力，必须坚持正确政治方向，一以贯之地坚持和发展中国特色社会主义、坚持推进党的建设新的伟大工程，不断提升政治鉴别力、政治免疫力、防范化解重大政治风险的能力。

三要增强纪律定力，把纪律规矩挺在前面。党面临的形势越复杂、肩负的任务越艰巨，就越要把纪律建设摆在更加突出位置，坚持纪严于法、纪在法前，把纪律和规矩挺在前面。增强纪律定力，就是强化纪律意识和底线意识，自觉遵守纪律、敬畏纪律，在任何时候任何情况下，都不触碰法纪红线，不逾越雷池半步，使明警线、守底线、划红线成为严格自律的必备素质和自觉要求。增强纪律定

[①] 《习近平著作选读》第 1 卷，人民出版社 2023 年版，第 252 页。

力是实现全党思想和意志的统一,保证全党步调一致、政令畅通,使党的战斗力得到最好发挥的基本政治要求。能否保持纪律定力,是对领导干部党性的重要考验,也是对领导干部忠诚度的重要检验。加强纪律性,革命无不胜。领导干部必须时刻绷紧纪律这根弦,把政治纪律政治规矩挺在前面,自觉学习党章党规党纪,严守政治纪律、组织纪律、廉洁纪律、群众纪律、工作纪律、生活纪律,把纪律转化为自律。

四要增强道德定力,夯实为官从政之基。道德定力是坚守道德标准、履行道德义务、彰显道德品行,扫清思想障碍、抵御不正之风的能力和毅力,是领导干部重要的软实力。一个道德品行低劣的领导干部,是不可能做到政治上坚定、思想上先进、行动上自觉的。党章规定,"党按照德才兼备、以德为先的原则选拔干部"。什么样的人该用,什么样的人重用,都要把德放在首位。领导干部只有始终保持道德定力,才能表现出超脱于权力之外的影响力,不威而严、不令而行的人格魅力,宽宏大度、虚怀若谷的胸襟和言行一致、表里如一的诚信,才能上为党分忧、下为民解难。德不配位,必有灾殃。领导干部要不患位之不尊,而患德之不崇,时时处处严格要求自己、检点自己、修正自己,引领全社会培育出正确的道德判断和是非观念,推动形成人人讲道德、尊道德、守道德的良好氛围。要静以修身,俭以养德,自觉树立和践行社会主义核心价值观,积极养成良好的职业道德、社会公德、家庭美德和个人品德,坚持立党为公,执政为民,自重、自省、自警、自励。

五要增强抵腐定力,带头弘扬清风正气。增强抵腐定力,就是要涵养面对诱惑不为所动,始终坚持原则、守住底线,公道正派、无私无畏,旗帜鲜明与腐败现象作斗争的浩然正气。腐败是国之大敌、党之大敌、民之大敌。坚决惩治和有效预防腐败,关系人心向背和党的生死存亡。一个人即使本事再大，能力再强，如果遇"惑"便心猿意马，逢"猎"便丢盔弃甲，那迟早要出事。只有管住小节，抵住诱惑，常思贪欲之害，常怀廉洁之心，才能消除腐败危险，清白做人，公正为官。增强抵腐定力，自觉筑牢不想腐、不愿腐的思想防线，是领导干部必须修炼的终身课题。要提高自身"免疫力"，时常"修剪"欲望枝丫、公正用权、依法用权、为民用权、廉洁用权，炼就"金刚不坏之身"。

十一、以永不放弃的信念修炼党性的"三道关"

党性是一个政党固有的本性及其在党员个体身上表现出来的具体特性，是党员的政治人格。中国共产党的党性是党在长期革命、建设和改革中形成的根本宗旨、理想信念、组织原则、工作作风、优良传统等的集中体现，在不同历史时期、不同工作岗位有不同的表现形式。习近平总书记指出："党性是党员、干部立身、立业、立言、立德的基石。"[1] 没有党性的人，不会是一个真正的共产党员；党性不强或者党性不纯的人，不可能成为一名合格的共产党员。党性不是与生俱来的，也不会随着党龄、工龄的增长和职务的升迁而自然提高，需要长期的学习和修炼才能养成。高素质的领导干部必须有坚强的党性，必须以坚定不移、永不放弃的信念作为支撑和保障，持之以恒修炼好党性思想关、能力关、作风关。

一是必须坚守初心，常抓不懈，着力筑牢"思想关"。思想建设是党的基础性建设。我们党之所以能够历经艰难困苦而不断发展壮

---

[1] 中共中央党史和文献研究院编：《习近平关于全面从严治党论述摘编》（2021 年版），中央文献出版社 2021 年版，第 111 页。

大，很重要的一个原因就是始终重视思想建党、理论强党。早在民主革命时期，毛泽东就提出"着重从思想上建党"的原则，强调党员不仅要在组织上入党，而且要在思想上入党，用无产阶级思想改造各种非无产阶级思想，从而创造性地解决了在中国工人阶级人数很少、而农民和其他小资产阶级占人口绝大多数的国家里如何保持党的先进性的问题。习近平总书记指出："对党员、干部来说，思想上的滑坡是最严重的病变，'总开关'没拧紧，不能正确处理公私关系，缺乏正确的是非观、义利观、权力观、事业观，各种出轨越界、跑冒滴漏就在所难免了。"[1] 思想的锤炼是一个永无止境的过程，思想认识问题一时解决了，不等于永远解决了，就像房间需要经常打扫一样，思想上的灰尘也要经常打扫，始终保持政治上的坚定性和思想道德上的纯洁性，把准把稳正确的人生航向，堂堂正正为人，踏踏实实做事。要自觉学习好掌握好运用好马克思主义"真经"，始终做到在党言党、在党忧党、在党为党，自觉做共产主义远大理想和中国特色社会主义共同理想的坚定信仰者和忠实实践者。

二是必须与时俱进，持之以恒，不断夯实"能力关"。习近平总书记指出，新时代领导干部"既要政治过硬，也要本领高强"[2]。政治过硬与本领高强紧密相连，政治过硬是灵魂、是方向，本领高强是基础、是保证。政治再过硬，如果没有真本领作支撑，就会变成空头政治，成为花架子。能力素质是领导干部的立身之本、从业之基，能力素质过硬才能更好地讲党性、践行党性。当前，我们党领导人民进行伟大社会革命，涵盖领域的广泛性、触及利益格局调整的深

---

[1] 中共中央党史和文献研究院编：《习近平关于全面从严治党论述摘编》（2021年版），中央文献出版社2021年版，第164页。

[2] 中共中央党史和文献研究院编：《十九大以来重要文献选编》（中），中央文献出版社2021年版，第404页。

刻性、涉及矛盾问题的尖锐性、突破体制机制障碍的艰巨性、进行伟大斗争形势的复杂性，都是前所未有的，特别是勇敢面对"四种危险"、经受住"四大考验"、持续推进"三大攻坚战"，都要求领导干部必须本领过硬、有"几把刷子"。但能力绝非天生，也无法一劳永逸、一蹴而就，只有在与时俱进、持之以恒的知识更新、实践锻炼、总结反思中才能练成。领导干部要深刻认识新时代新形势新任务新要求，时刻保持"本领恐慌"的危机感，努力增强"八种本领"，使自己的能力素质跟上时代节拍，团结带领广大人民群众创造无愧于党和人民、无愧于新时代的业绩。

三是必须驰而不息，久久为功，持续把好"作风关"。作风是指在思想、工作和生活等方面表现出来的比较稳定的态度或行为风格，包括思想作风、领导作风、工作作风、生活作风、学风、文风、家风等多个方面。习近平总书记指出："作风问题本质上是党性问题。"[①] 党性决定作风，作风彰显党性。作风就像一面镜子，清晰地映照着党员干部的党性修养和政治本色。执政党的作风，关系党的形象，关系人心向背。党风好，则政治生态清明，赢得民心；党风不好，则风污气浊，人心涣散。只有从党性高度抓作风，在思想上返璞归真，在党性上固本培元，才能激发起行动上自我纠错、踏实奋进的自觉，才能确保干部行稳致远、成就辉煌事业。作风就是战斗力，就是形象、旗帜。领导干部必须坚持作风建设永远在路上，坚持"三严三实"，严守中央八项规定精神，坚决反"四风"，力戒形式主义、官僚主义，"不等、不靠、不要"，发扬钉钉子精神，发挥"头雁效应"，以优良作风带动构建良好家风，促进形成良好的党风政风社风民风。

---

① 《习近平著作选读》第 2 卷，人民出版社 2023 年版，第 110 页。

十二、干部的"五项修炼"须臾不可间断

习近平总书记围绕培养选拔党和人民需要的好干部,创造性地提出了"信念坚定、为民服务、勤政务实、敢于担当、清正廉洁"五项"好干部标准"。这五项标准着眼于新的历史条件和时代背景,具有很强的针对性、指导性,赋予了好干部新的时代内涵,是新时代干部的实践准则和奋斗方向。做一名好干部,既是组织的要求、人民的期盼,也是每个为官从政者应有的追求。每一名领导干部都应认真对照"五项标准",自觉约束自己,努力提升自己,坚持知行合一,躬身笃行,切实把好干部标准见诸行动,真正把好干部形象树立起来。当然,做一时、一任的好官容易,做一生的好官则很难,倘若自降标准、任意发展或是放纵懈怠,曾经的好官就有可能成为政治麻木、办事糊涂的昏官,饱食终日、无所用心的懒官,推诿扯皮、不思进取的庸官,以权谋私、蜕化变质的贪官。必须时刻对标对表,持续进行"五项修炼",努力成长为新时代党和人民需要的好干部。

一要筑牢"信念坚定"的根基,自觉做中国特色社会主义的坚定信仰者和忠实实践者。对马克思主义的信仰,对社会主义和共产主义的信念,是共产党人的政治灵魂,是共产党人经受住任何考验的精神支柱。领导干部要学好用好马克思主义科学理论,特别是用习近平新时代中国特色社会主义思想武装头脑,做到理论上清醒、政治上坚定,永葆共产党人对党忠诚的政治本色。要始终坚定共产主义远大理想和中国特色社会主义共同理想,坚持党的基本理论、基本路线、基本方略不动摇,矢志不渝为中国特色社会主义事业而奋斗。要把实践作为检验理想信念是否坚定的最生动课堂,自觉把

理想信念化为行动力量，把理想信念落实到具体工作中，真正做到真学真懂真信真用。

二要恪守"为人民服务"的宗旨，自觉树立正确的人民观、政绩观。人心向背最终决定了一个政党或一个政权的前途和命运。密切联系群众，保持与人民群众的血肉联系，是中国共产党立于不败之地的根基。世界上很少有哪个政党，能像中国共产党这样，把"为人民服务"庄严地写进党章，把以人民为中心的发展思想贯穿于治国理政的各个环节。人民是我们党执政的最大底气，失去了人民的拥护和支持，党的事业就无从谈起。建党100多年来，我们党为什么可以得到广大人民的坚定拥护，为什么能够战胜一切困难、无往而不胜，靠的就是始终把人民放在心中最高位置，把人民置于价值序列的首位。领导干部一定要坚持以人民为中心的发展思想，树立正确的权力观、政绩观，心中装着老百姓，对群众利益想得多、看得重，对个人名利想得透、看得淡，把群众呼声、群众需求作为干事创业的第一信号，把群众满意作为工作的根本目标，把为人民服务的宗旨落实到每项工作中，解决好人民最急最忧最盼的问题，真正做到知民情、解民忧、纾民怨、暖民心。

三要秉持"勤政务实"作风，真正把全部心思和精力用在干事创业上。勤政，就是要坚持恪尽职守，勤于政事，立党为公、执政为民；务实，就是要坚持实事求是，量力而行，重实际、办实事、求实效。勤政务实是对领导干部执政能力的基本要求，是党的实事求是思想路线和中华民族传统美德在干部作风上的真实体现。世界上只有干出来的精彩，没有编出来的辉煌，更没有坐享其成的好事。如果工作不能落实，事业发展不好，民生得不到改善，话说得再漂亮，也只是徒有"唱功"。领导干部在其位就要谋其政，必须坚持以勤为先，集全部心思于工作，倾一切才智于事业，勤勤恳恳、任劳任怨,坚决克服"平平安安占位子,忙忙碌碌装样子,疲疲沓沓混日子,年年都是老样子"的庸懒散问题,真正做到在岗一分钟、战斗六十秒。必须坚持"实干兴邦",大兴求真务实之风,摸清实情,真抓实干,树立正确的政绩观和事业观,办实事不图虚名,求实效不做虚功,多做打基础利长远的工作。必须去伪存真,力戒形式主义、官僚主义,加强调查研究,身体力行,以上率下,大兴勤政务实的干事之风,以实干促发展、以实绩论英雄。

四要弘扬"敢于担当"的精神,努力创造出经得起人民检验与信任的新业绩、新成果。是否具有担当精神,是否能够忠诚履职、尽心尽责、勇于担责,是检验领导干部先进性和纯洁性的重要方面。敢于担当是共产党人的政治品格,也是我们党对领导干部的一贯要求。只要各级领导干部心系使命、扛起责任,就没有过不去的坎。做人一世,为官一任,要有肝胆,要有担当精神。不能只想当官不想干事,只想揽权不想担责,只想出彩不想出力。只要是为了党的事业、人民的利益,该做的事顶着压力也要干,该负的责冒着风险也要担,拿出"明知山有虎,偏向虎山行"的劲头,积极寻找克服困难的具体对策,豁得出来、顶得上去,真正成为带领人民群众战风险、渡难关的主心骨。沧海横流方显英雄本色。领导干部要提升想担当的政治自觉,平常时候看得出来、关键时刻站得出来、危急关头豁得出去。要锻造能担当的素质本领,加强理论学习,强化实践历练,在摸爬滚打中增长才干,在层层历练中积累经验,练就"几把刷子",增强"八种本领",使自己的能力素质跟上时代节拍、与岗位职责相匹配。

五要守住"清正廉洁"的底线,清白为官、干净做事、老实做人。习近平总书记指出:"为政清廉才能取信于民,秉公用权才能赢得人心。"[1] 党中央要求领导干部"清正廉洁作表率",就是要自觉同特权思想和特权现象作斗争,坚决预防和反对腐败,清清白白为官、干干净净做事、老老实实做人。清廉是福,贪欲是祸。当官就不要想发财,想发财就不要当官。物必先腐而后虫生。身正方能带人,廉洁方能聚人。领导干部要经常扪心自问,自检自省、自我约束,保持清醒头脑,从最近身的地方构筑起预防和抵制特权的"防护网",避免一失足成千古恨。要自觉接受组织和群众监督、自觉接受班子成员监督、自觉接受同事监督,及早发现问题,及时纠正错误。要保持敬畏之心,敬畏权力,立身不忘做人之本、为政不移公仆之心、用权不谋一己之私;敬畏法纪,牢记自己是党的干部,时常对照党章党规党纪检视自己、扫去灰尘,保持拒腐蚀、永不沾的政治本色;敬畏人民,牢记权力是人民赋予的,只能用来为民办事,不能用来为己谋私,做一个堂堂正正的人。

---

[1] 《习近平谈治国理政》第1卷,外文出版社2018年版,第385页。

领导干部应当掌握的三十六种方法

当今世界面临百年未有之大变局，面对错综复杂的国内外形势和艰巨繁重的改革发展稳定任务，迫切需要领导干部掌握科学的世界观和方法论，以科学的思想方法和工作方法推进工作。这里，提出领导干部需要掌握的三十六种方法，与大家共同探讨。

一、政治是灵魂、是统帅、是根本

习近平总书记强调："政治问题，任何时候都是根本性的大问题。"[1]党的政治建设是党的根本性建设，决定着党的建设方向和效果。旗帜鲜明讲政治是我们党作为马克思主义政党的根本要求，是我们党不断发展壮大、从胜利走向胜利的重要保证。新时代领导干部旗帜鲜明讲政治，对于团结带领人民群众实现中华民族伟大复兴的中国梦具有十分重要的意义。

始终把旗帜鲜明讲政治摆在首位。"没有正确的政治观点，就等于没有灵魂。"如果不讲政治，对政治问题麻木不仁，无视党的政治纪律和政治规矩，也就失去了作为党的干部的基础和前提。领导

---

[1] 中共中央党史和文献研究院编：《习近平关于依规治党论述摘编》，中央文献出版社2022年版，第30页。

干部必须增强"四个意识"、坚定"四个自信"、做到"两个维护"，把准政治方向、站稳政治立场、严守政治纪律、加强政治历练、提高政治能力、强化政治担当，立政德、守规矩，养正气、固根本，始终做到政治上过得硬、靠得住。

讲政治是具体的、一以贯之的。讲政治从来都不是空喊口号，也不能泛泛而谈，而是要体现在行动上、落实到工作中。领导干部必须把讲政治贯穿党性锻炼全过程，遇事多想政治要求，办事多想政治规矩，处事多想政治影响，成事多想政治效果，善于从政治上谋划、部署和推动工作，下定决心做一名忠诚干净担当的好干部，切实担负起党和人民赋予的政治责任。

二、民心是最大的政治

"水可载舟，亦可覆舟。"政之所兴在顺民心，政之所废在逆民心。我们党来自人民、植根人民、服务人民，党从诞生到发展壮大的光辉历史，就是一部来自群众、植根群众、依靠群众、发动群众、为了群众、服务群众的生动历史，就是一部全心全意为人民服务的奋斗历史。只要我们始终坚持以人民为中心的发展思想，时刻把群众的冷暖挂在心上，永不脱离群众、永远代表最广大人民群众的利益，就能赢得人民群众的支持，就能无往而不胜。

永远以实现人民对美好生活的向往为奋斗目标。领导岗位是一份沉甸甸的责任。要紧扣民心这个最大的政治，紧紧围绕人民群众新期待，把赢得民心民意、汇集民智民力作为重要着力点，以造福人民作为最大政绩，从解决人民群众最关心、最直接、最现实的利益问题入手，让改革发展成果更多地惠及广大人民群众，不断增强人民群众的获得感、幸福感、安全感。

始终警惕脱离群众这个"最大危险"。"民惟邦本，本固邦宁。"习近平总书记指出："我们不舒服一点、不自在一点，老百姓的舒适度就好一点、满意度就高一点，对我们的感觉就好一点。"[①] 对于长期执政的中国共产党来说，从"最大政治优势"到"最大危险"只有一步之遥，从"密切联系群众"到"脱离群众"只是一念之差。领导干部必须不忘初心、牢记使命，始终站稳人民立场，深怀为民情怀，同人民干在一起、想在一起，坚决反对形式主义、官僚主义，始终贯彻党的群众路线，保持党同人民群众的血肉联系。

三、让历史告诉现在，让现在启迪未来

以史为鉴可以知兴替。习近平总书记强调："历史、现实、未来是相通的。历史是过去的现实，现实是未来的历史。"[②] 历史是最好的教科书，也是最好的清醒剂。以史可以正人，以史可以化风。作为世界上唯一历史记载不曾间断的文明古国，5000多年文明史是中国人骨气和底气的精神源泉。历史中蕴含着十分丰富的治国理政经验，只有重视历史、研究历史、借鉴历史，才能知道从哪里来、往哪里去，才能从纷繁复杂的社会现象中认知和把握社会发展的客观规律，不断坚定道路自信、理论自信、制度自信、文化自信。

历史是所有事物的来源，任何事物都不是凭空产生的，必有其渊源。历史没有终结，初心必须铭记。领导干部要善于通过学习历史，特别是党史、国史，了解历史上治乱兴衰规律，不断丰富头脑、开阔眼界、提高修养、增强本领。

[①] 《习近平著作选读》第2卷，人民出版社2023年版，第122页。
[②] 《习近平谈治国理政》第1卷，外文出版社2018年版，第67页。

过去未来皆是现在。世界大势浩浩荡荡，顺之者昌、逆之者亡。一代人有一代人的责任，只有把握好现在，才能赢得光明的未来。领导干部要从当下的实际出发，与时俱进，把握好当下的时间、当下的人，做好正在做的事，同时把眼光放远、视野延伸，敢于放下过去、面向未来，将自己的人生与国家的命运、民族的未来紧密联系起来，努力创造无愧于时代、无愧于人民的业绩。

四、依靠学习走到今天，依靠学习走向未来

学习成就伟业，学习创造未来。进入新时代，各种新知识、新情况、新事物层出不穷，知识更新的速度也越来越快。拒绝学习必然导致知识老化、思维固化、能力弱化。勇于向下扎根，才能更好地向上生长，好学才能上进。领导干部只有重视学习、善于学习、坚持学习，才能适应时代的发展和岗位的要求。

梦想从学习开始，事业靠本领成就。立身百行，以学为基。做好领导工作，不仅要德配其位，也要才配其位；不仅要政治过硬，也要本领高强。要坚持理论联系实际，全面、系统、深入地学习，盘活知识存量、优化知识增量，学以致用、用以促学，在"学"与"干"的良性互动中不断增强本领，努力成为政治强、懂专业、善治理、敢担当、作风正的领导干部。

以学习力提升领导力。腹有诗书气自华，学习力是核心竞争力。要激发学习的内生动力，多一些书卷气，少一些烟酒气，活到老、学到老，勤学不辍、苦学不止。要提高批判鉴别力，打破格式化、套路化的惯性思维，不唯上、不唯书、只唯实。要提高转化力，独立思考、联系实际，把理论知识转化为分析、处理问题的能力，转化为工作的水平和本领，转化为自身的修养和修为，从而更好地拥

抱未来、赢得未来。

五、谦虚使人进步，骄傲使人落后

古人说："事者，生于虑，成于务，失于傲。"谦虚是一种美德，骄傲是成功的天敌。"满招损，谦受益。"谦虚的人有自知之明，故能积极进取，不断进步，从善如流；而骄傲自满是一个可怕的陷阱，人一旦坠入其中，就容易孤芳自赏、敝帚自珍，孤陋寡闻、不思进取，甚至狂妄自大、自取灭亡。

要有"空杯心态"，才能不落"优势陷阱"。当一个杯子装满水的时候，再放进别的东西，水就会漫出来。人的心态亦如此，如果迷信于自己已有的经验和知识，就会落后于这个时代。领导干部要以虚怀若谷、海纳百川的气度和雅量，像海绵吸水一样接纳新事物、新知识，不断扩大自己的知识半径，切实跟上时代发展的步伐。

要"优秀"，但不要"优越"。领导干部要看清自己，任何时候对自己都要有一个正确的认知，杜绝权力上、地位上的优越感，学会把别人的"高看一等"化作"技高一筹"，把别人的"敬畏三分"化作"三省吾身"，看重责任和操守，看轻官职和名利，多谋公利，多做实事，始终保持一颗公仆之心、平常之心、质朴之心，做"优秀"的干部，不做"优越"的干部。

六、得道多助，失道寡助

合乎正义者就能得到多方的支持和帮助，违背正义者会陷入孤立无援的境地。"得道"，就有人格魅力和威望，如夏日之荫、冬日之炉，不求亲人而人自亲之，就会得到组织的信赖和群众的拥护；

"失道"，就会被群众鄙视，得不到拥护和支持，甚至众叛亲离、人人得而唾之、弃之、诛之。对于领导干部而言，"道"不仅是立身之本、为官之基，而且是治世之策。

组织是最大的靠山，人民是永远的上级。领导干部是人民的公仆，第一职责是为党工作。要忠诚于组织，任何时候都与党同心同德，始终相信组织依靠组织。要以人民满意为最高标准，善于把决策措施拿到人民中间去检验，努力把党的正确主张转化为群众的行动自觉，做到让组织放心、让群众满意。

凝聚"最大公约数"。路虽远行则将至，事虽难做则必成。当干部就必须恪守本分，以信念、人格、实干立身，得到人民的信赖和支持，靠真理的力量、思想的力量、人格的力量感染人、带动人。大力弘扬社会主义核心价值观，找到全体社会成员在价值观念上的最大公约数，为实现中华民族伟大复兴而共同奋斗。

七、局部利益服从大局利益，小道理服从大道理

先立乎其大者，则其小者不能夺也。有些事情站在局部看似乎有道理，而放在大局中就没有道理，这时局部就要服从于全局。邓小平曾讲："个人利益要服从集体利益，局部利益要服从整体利益，暂时利益要服从长远利益，或者叫做小局服从大局，小道理服从大道理。"[①] 凡事从大局出发，在事关大局和自身利益的问题上，抓住主要矛盾和矛盾的主要方面，是做好领导工作的精髓所在。

谨防本位主义思想作祟。本位主义，实际上就是个人主义的扩大，相似于小团体主义和个人主义。领导干部如果只盯着自己的一

---

① 《邓小平文选》第 2 卷，人民出版社 1994 年版，第 175 页。

亩三分地，片面强调本地区本单位或分管部门的利益，就会只见树木、不见森林。要学会把"小我"归入"大我"、"小局"归入"大局"、"小利"归入"大利"，跳出一时一事、一地一己，以更加宽广的眼界审时度势、权衡利弊，把握现在、透视未来。

自觉服从服务于大局。"不谋全局者不足以谋一域。"进入新时代，实现"两个一百年"奋斗目标、实现中华民族伟大复兴的中国梦就是党和国家的大局。领导干部做任何事情，都要立足这个大局、把握这个大局，自觉把工作放到党和国家大局的发展和需要中去思考、定位、布局，不讲条件、不打折扣，众人同心、众力同向，形成共同为大局奋斗的强大合力。

八、小心驶得万年船

小心得天下，大意失荆州。小心谨慎、思虑周全，才能有备无患、防患于未然。倘若马虎大意、心存侥幸，不仅无法做好工作，还容易阴沟里翻船，一失足成千古恨。从古至今，举大事必慎其始终。领导干部要谨言慎行做人、深思熟虑做事、克己奉公做官，不逾矩、有原则，知敬畏、有底线，才能让从政之舟避开礁石和险滩，行稳以致远。

审慎则必成，轻发则多败。"马谡失街亭""关羽失荆州"，都是刚愎自用、马虎大意造成不可挽回的错误。凡事多看一步、多想一层，三思而后行，找准方向、看清风险。既要想好进路，也要留好退路，不急躁冒进、不鲁莽草率，多方论证、谨慎决策，把控过程、稳中求进，牢固树立底线思维，才能求得最好的结果。

百舸争流，奋楫者先。在竞争激烈、百舸争流的新时代，不进则退，慢进也是退。领导干部要有"争创一流"的进取精神和"比学赶超"的竞争意识，始终在岗在状态，面对机遇敢于抢抓，面对艰险敢于探索，面对落后敢于奋起，面对竞争敢于拼搏，干一流工作、创一流业绩，久久为功、善作善成。

九、身体是革命的本钱

蔡元培先生说过："有健全之身体，始有健全之精神。"健康的身体是履职尽责、服务人民的前提。领导干部应当选择科学正确的生活方式，保持身心健康。

没有健康就没有一切。健康是生命的保障，是成功的资本。就个人而言，健康是1，其他的一切都是0，如果没有这个1，其他的0再多也没有任何意义。面对日益繁重的改革发展任务，一些领导干部身心负荷过载，很多健康指标都亮起"红灯"，亟须引起重视。领导干部要保持良好生活习惯，合理饮食、规律作息、科学锻炼、强健体魄，"健康工作五十年，幸福生活一辈子"。

好心态带来好身体。积极健康的心态能帮助我们正确面对工作、生活、社会的多重压力，化解负面情绪，清扫情绪垃圾，保持昂扬向上、乐观豁达的健康心态。要学会自我调节，遇事往好的方面想、往好的方面做，根除"红眼病"和"嫉妒症"，克服阴暗潮湿心理，才能避免患"焦虑症""抑郁症"，神清气爽、轻装上阵地工作。

十、不懂得休息就不懂得工作

当今社会，工作、生活节奏越来越快，一些领导干部为了赶任务、抓进度，常常是"白加黑""五加二"，耗费了大量时间，工作效果却不尽如人意。至刚易折、弓满易断。不会休息就不会工作。

没有人能够永远集中精力持续工作输出。工作越忙越需要缓一缓，休息调整，理清思路再出发。

一张一弛乃文武之道。无论从事什么工作，不能总是只消耗不休息，如果长期处于紧张状态，人的身体就会亏损，生命力就会提前耗尽。刀钝了要磨，人累了要休息，这是自然规律。领导干部要张弛有度、劳逸结合，缓冲情绪、释放压力，走可持续发展之路。

高效休息才能高效工作。磨刀不误砍柴工。休息是为了更好地工作，科学合理地安排工作和休息时间，才能有效提高工作效率。在一次次冲刺之后，要学会高效休息，给身体和精力"蓄电"，恢复体力、积蓄精力，为再出发再冲刺做足准备。

十一、细节决定成败

把每一件简单的事做好就是不简单，把每一件平凡的事做好就是不平凡。无论生活也好、工作也罢，一些看似不起眼的微不足道的"小事"，如果没能处理好，往往就会因小失大，甚至使得本来可以成功的事情归于失败。现实中，一些领导干部只愿抓所谓的"大事"，结果往往是小事不愿做、大事又做不好。

小细节蕴含大文章。九层之台，起于垒土；千里之行，始于足下。细节虽然都是一些具体的、烦琐的，甚至是鸡毛蒜皮的事情，但要想干好事业，必须注重做好这些细节。点滴小事中蕴含着大事之机。眼高手低，看不见细节直奔宏大叙事，那是无本之木、海市蜃楼；不拘小节、胆大妄为，必将走向深渊，在镜花水月里迷失。

天下大事必作于细。凡事不做则已，做必做到最好。注重细节是一种精神，关注细节是一种态度。成功者既要具备壮志凌云的理想，更需脚踏实地积尺寸之功，努力做到宏观与微观、战略与战术都重视，不做"甩手掌柜"。落实工作任务要善于从全局出发抓住关键细节，改变心浮气躁、浅尝辄止的毛病，落细落小，精益求精，善于从"小切口"入手实现大突破。

十二、要立志做大事，不要立志做大官

古人云，"祸莫大于不知足，咎莫大于欲得"。人皆有进取之心。领导干部政治上追求进步，希望有更高更大的工作平台施展才华，这是可以理解的。但如果只知进、不知止，过度纠结于职务升迁，则不可取。有些领导干部心浮气躁，专谋人不谋事，一心为自己设计升迁路线；有的投机钻营、四处讨好，总想搞出一些动静来；有的苦心攀比职务晋升的速度，被提拔了认为是"该得的"，没有提拔认为是组织"亏欠"了自己，甚至向组织讨价还价、伸手要官。领导干部要以平常心对待职务升迁，淡泊名利、珍惜岗位，把心思和精力用在干事创业上。

"权责相谐则兴利，权责不符则贻害。"领导干部要坚守自己的本分，牢记权力与责任是对等的，掌其权、负其责、尽其职，不采华名、不务虚事，在不张扬中干大事，靠品行立德，靠实干立身，自觉把党和人民的信任转化为忠诚履职、干事创业的动力。

升迁留给组织，干事留给自己。"月盈则亏，水满则溢。"要正确对待个人的进退留转，不能过分计较个人的职务升迁，不能过分强调自己的资历和贡献，不能过分褒贬自己的长处和别人的短处，既吃得了苦又吃得了亏，既能受累又能受气，防止心理失衡、言行失度、党性失规，坦然接受组织和人民的挑选。总而言之，作为党的干部，就应当自觉服从组织安排，接受组织挑选。当组织需要时愉快接受，奋发有为；当职务未变动时，沉下心来踏踏实实做好自

己的事，尽心尽力为党工作。

十三、本色做人，角色做事

本色做人就是要回归人性的本源，回到自己的本真，实实在在，本本分分；角色做事就是要立足角色本身，找准职责定位，主动履职尽责。有的领导干部在人前会上信誓旦旦、高谈阔论，私下里却立场摇摆、态度暧昧；有的心浮气躁、心猿意马，这山望着那山高。领导干部掌握着权力和利益，要按本色做人、按角色办事，守土有责、守土尽责，做好新时代"答卷人"。

表里如一才是真君子。最非凡的成功，不是超越别人，而是战胜自己；最可贵的坚持，不是久经磨难，而是永葆初心。领导干部理应表里如一、言行一致，做老实人、讲老实话、做老实事，对上不阿谀奉承、阳奉阴违、虚报浮夸，对下不伪善、不蒙骗、不欺诈，对同事不虚伪，坦诚相见，胸怀坦荡。

摆正位置才能履好职。领导干部答好从政之题，要在其位谋其政、任其职尽其责，有清醒的角色意识，知道自己的位置在哪里，知道自己的权力、责任和义务是什么。要把工作放在大局中把方向、谋思路，抓协同、促整合，做到贴得紧、跟得上。要立足当下、专注眼前，扎扎实实干好本职工作，盯住问题攻坚克难，奋发有为、建功立业。也就是说，既然当了领导干部，就要对自己严格要求，坦坦荡荡，尽心尽责，不卑不亢。

十四、将军赶路，不追小兔

成功的人之所以成功，是因为将有限的精力专注到一个领域，专心做好一件事，日积月累成就伟业；而那些朝三暮四、三心二意的人，最终往往一事无成。领导干部如果缺乏长远眼光、全局观念，见到什么都跃跃欲试，"吃着碗里的看着锅里的"，或东一榔头西一棒子，零敲碎打、杂乱无章，就可能"乱花渐欲迷人眼"，工作成效就会大打折扣。必须保持定力、锁定目标，抓住全局性根本性问题，排除外界干扰，把该做的事情做好，不达目的誓不罢休。

心有定力，行不偏移。"心不专一，不能专诚。"要时刻保持清醒的头脑，在纷繁复杂的形势任务面前分得清大小、拎得清轻重，在形形色色的诱惑面前耐得住寂寞、坐得住冷板凳，精其术、竭其力、乐其业，一锤接着一锤敲，一茬接着一茬干，咬定青山不放松，确保各项任务一项一项落到实处。

锁定目标，抓大放小。无目标的努力，犹如在黑暗中远征。领导干部一定要学会选择，善于分清轻重缓急，回到原点抓工作、矢志不渝攻难题，聚焦突出问题，紧盯关键节点，找准切入点和着力点，以点带面，全面推进。要学会牵住"牛鼻子"，不贪多求全，不大包大揽，不舍本逐末，不在细枝末节、鸡毛蒜皮的小事上纠缠不清。

十五、真将帅一定拥有真担当

习近平总书记多次强调："干部就要有担当，有多大担当才能干多大事业，尽多大责任才会有多大成就。"[①] 然而，有的领导干部干事创业精气神不足，奉行"既不落后头，也不出风头""多干多错、少干少错、不干不错"的思想，往往是"只听楼梯响，不见人下来"，

---

① 《习近平著作选读》第1卷，人民出版社2023年版，第339页。

怕决策失误，不敢拍板定事，干工作推诿拖延，这不仅妨碍了党的事业发展，而且损害了党和政府形象。

责重山岳，能者当之。领导干部是一个地方经济社会发展的决策者、引领者，责任重于泰山。要改进工作作风，做到守土有责、守土尽责，同时要具备敢闯敢拼的勇气和魄力、直面失误的胸襟，把全部心思和精力用在干事创业上。要加快知识更新，加强实践锻炼，练就"几把刷子"，使专业素养和工作能力跟上时代节拍，具备担当的宽肩膀、成事的真本领。

事不避难，义不避责。沧海横流方显英雄本色，做难事方能成大业。畏难苟安不是共产党人应有的品质。当领导干部就一定要承担与职务相对应的责任，没有担当的干部就不是真正意义上的干部。因此，"反腐败让干部不作为"是个伪命题，不能成为一些干部碌碌无为、懒政怠政的借口，担当作为是当干部的题中应有之义。领导干部要敢于担当、勇于担责，以"燕子垒窝""蚂蚁啃骨""老牛爬坡"的劲头，逢山开路、遇水架桥，不畏险阻、奋勇搏击。要耐得住寂寞、受得了委屈，以"功成不必在我"的精神境界和"功成必定有我"的历史担当，把新时代宏伟蓝图变为现实。

十六、为人不做亏心事，半夜不怕鬼敲门

堂堂正正、坦坦荡荡，不心存侥幸、不搞小动作，不做违背良知道义的事，这是为官做人的基本道理。现实中，有的领导干部喜欢搬弄是非、藏藏掖掖、遮遮掩掩，打"小九九"、搞"小名堂"，这些人表面看起来很平静，其实内心惶惶不安、极度恐惧，总担心东窗事发、恶行暴露。纸是包不住火的，邪念终究会露马脚，最终聪明反被聪明误，搬起石头砸自己的脚。

心底无私天地宽。政在去私，私不去则公道亡。领导干部要襟怀坦白、光明磊落，自觉摒除私心杂念，从大局出发想问题、抓工作，自觉按原则办事、按规则办事、按程序办事，做到秉公用权、公私分明、公而忘私、大公无私。要始终把人民放在心中最高位置，真心诚意融入群众、体贴群众、造福群众，从群众的理解和信任中获得支持。

身正不怕影子斜。诚实无破绽，遮遮掩掩不如坦诚相待。领导干部要把踏踏实实办事、干干净净做人作为底线来坚守、作为党性来锤炼、作为境界来追求，做到台上台下一个样、人前人后一个样。正气充盈，邪气就无法近身。要崇德向善、严以律己，不履邪径、不欺暗室，慎独、慎微、慎言、慎行。

十七、自觉掌握唯物辩证法

在列宁看来，唯物辩证法既是世界观，又是方法论；既是认识方法论，又是实践方法论。辩证唯物主义是中国共产党人的世界观和方法论。自觉坚持和运用辩证唯物主义世界观和方法论，学会从唯物辩证法中汲取智慧和力量，才能不断提高运用科学方法观察和分析问题的能力。现实中，有的领导干部拍脑袋决策、拍胸脯表态，有的蛮干乱干，热衷于铺摊子、上项目，有的工作一团乱麻、没有头绪，归根结底就是没有掌握好唯物辩证法。面对新时代新征程，领导干部要自觉运用辩证唯物主义世界观和方法论认识问题、分析问题、解决问题，尊重客观规律，增强战略思维、历史思维、辩证思维、系统思维、创新思维、法治思维、底线思维，在改造主观世界和客观世界中推动事业发展。

掌握唯物辩证法这一看家本领。领导干部要深入学习唯物辩证法的基本观点，掌握好"联系和发展"这一总特征，领悟好"普遍联系和永恒发展"的基本主题，消化好"对立统一"这一实质和核心，把唯物辩证法中的"三大规律"和"五大范畴"真正入心入脑，在实际工作中把握好现象和本质、形式和内容、原因和结果、偶然和必然、可能和现实、内因和外因、共性和个性的关系，提高辩证思维能力，让唯物辩证法真正成为提高思想水平、工作水平的重要法宝。

运用唯物辩证法解决实际问题。领导干部要坚持从客观实际出发研究制定政策，推动各项工作。要坚持问题导向，承认矛盾的普遍性、客观性，把握好新时代社会主要矛盾的新变化新特点，在查清矛盾冲突性质和根源中，把握矛盾发展的趋势，分清轻重缓急。要坚持"两点论"，善于处理局部和全局、当前和长远、重点和非重点的关系，既抓好重点工作，又抓好其他工作，学会"十个指头弹钢琴"，在权衡利弊中趋利避害，使各项工作更好地增强政治性、体现时代性、把握规律性、富于创造性。

十八、正义之怒不可无

正义是指公正、公平、正直、没有偏私，正义是人类追求美好生活的永恒主题。"正义之怒"，体现的是斗争精神，源于对工作的极端负责、对人民群众的深厚感情。当下，一些领导干部奉行好人主义和庸俗哲学，不讲原则、不辨是非；遇见问题绕道走、处理事情和稀泥；讲求一团和气、明哲保身，事不关己高高挂起，面对歪风邪气不敢斗争。这些做法，与领导干部坚守正道、维护正义、弘扬正气的要求格格不入。

要坚持真理、明辨是非。领导干部一切行动的出发点和归宿，都应以人民为中心，以合乎最广大人民群众最大利益为最高准则。对涉及立场原则的问题要坚守底线，即使有再大的压力，冒再大的风险，也不能退缩、逃避。要摒弃私心杂念，只要是符合广大人民利益的事，就要大胆干；只要是人民群众拥护和赞成的事，就要大胆做。要敢于"路见不平一声吼"，自觉抵制不良风气的侵蚀，自觉维护社会公平正义。

要敢于亮剑、敢于碰硬。俗话说，"邪不压正"。乌云遮不住太阳。领导干部要有英雄气概，保持铮铮铁骨，保持共产党人的风骨、气节、操守、胆魄，不怕鬼、不信邪，做到真理真话敢讲、歪风邪气敢管、硬事难事敢抓。面对重大政治考验，必须旗帜鲜明、挺身而出，发挥"头雁效应"；面对歪风邪气，必须坚持原则、敢于抵制；面对急难险重任务，必须豁得出去、顶得上来。

十九、公生正，廉生威

古语云："公，则民不敢慢；廉，则吏不敢欺。"公正廉洁是领导干部的正气之源和为政之基，是政治生命和政治本色。有的领导干部"有权任性"，利用手中权力搞等价交换、利益输送；有的"被利用""被围猎""被投资"。作为党的领导干部，只有一心为公、事事出于公心，才能坦荡做人、谨慎用权，才能光明正大、堂堂正正。

做人公为本。大道之行，天下为公。"人人好公，则天下太平；人人营私，则天下大乱。"领导干部要把公道正派作为立身之本，大公无私、公私分明、先公后私、公而忘私，事事出于公心、时时怀着公心、处处依照公心，不因私事误公事，不用公权谋私利。

从政廉为先。廉洁自律是为官从政的底线。领导干部必须时刻强化自我约束，心存敬畏，手握权力而不自我膨胀，身居要职而不自我放纵。要筑牢思想防线，把"红灯"亮在"越轨"前，习惯在监督下用权，从内心深处筑牢拒腐防变的精神堤坝，炼就"金刚不坏之身"。

二十、没有调查就没有发言权

习近平总书记多次强调，"调查研究是谋事之基、成事之道，没有调查就没有发言权，没有调查就没有决策权"[①]。当下，有的领导干部热衷于搞官僚主义、形式主义，习惯于文山会海、纸上谈兵，满足于看材料、听汇报，关起门来作决策；到基层调研隔着玻璃看一看、坐着小车转一转，走马观花、浅尝辄止。正确的决策离不开调查研究，正确的落实同样离不开调查研究。面对新时代新任务新要求，领导干部必须掌握和运用好调查研究这一传家宝，学会在研究状态下工作。

既要调查，又要研究。"涉浅滩者得鱼虾，入深水者得蛟龙。"要从一些无谓的事务中解脱出来，扑下身子、沉到一线，问计于民、问需于民，增强看问题的眼力、谋工作的脑力、察实情的听力、走基层的脚力。要坚持实事求是，将调查与研究有机结合起来，将获得的信息、材料提炼加工处理，去粗取精、由表及里，潜心研究解决问题之道，找到化解矛盾的"金钥匙"。

既要"身入"，又要"心至"。领导干部要深入困难多、情况复杂、矛盾尖锐的地方，少走指定路线，多走自选路线，少看"前院"和"盆景"，多看"后院"和"死角"，拓展调研渠道、丰富调研手

---

① 中共中央党史和文献研究院编：《习近平关于力戒形式主义官僚主义重要论述选编》，中央文献出版社2020年版，第89页。

段、创新调研方式、接触基层群众、掌握第一手材料，出实招、破难题、谋良策、办实事，推动事业不断向前发展。

二十一、见多识广看问题才精确

站得高才能看得远，见多识广看问题才精确，这是认清事物、识别事物的基本规律和科学方法。一些领导干部不深思、不善谋，闭目塞听、孤陋寡闻、坐井观天、盲人摸象，不善于向实践学习、向群众学习，不会从生动的社会实践和鲜活的经验中汲取营养、融会贯通、指导实践。

读万卷书，行万里路。新时代的领导干部必须眼界宽、思路宽、胸襟宽，成为见多识广的"博学家"。常识比知识重要。要做工作上的用心者和生活中的有心人，多读有字之书和无字之书，提高自身素养，改善知识结构，成为工作上的行家里手。"吃一堑，长一智。"善于总结、"不贰过"是一种智慧。要从别人的教训中吸取教训，从别人的经验中总结经验，举一反三、触类旁通，一切从实际出发，知行合一、以知促进、以行求知。

知得真切，行得笃实。问题就是实际、就是方向，就是"有的放矢"的靶子。精确看问题，是解决问题的开端。领导干部要尊重客观事实，摸清事物固有的规律，从中把握时代发展变化的脉搏，透过现象看本质，知其然还要知其所以然，科学把握发展的未来走势，牢牢把握工作主动权。

二十二、开局比收局更重要

俗话说，"万事开头难，秧好一半谷"。习近平总书记指出，"决胜要有决心，开局重在开头"[1]。开局往往能够决定结局。一些领导干部在工作中"心中无数""本领恐慌"，理不清思路，把不准方向，打不开局面；一些领导干部落实工作能拖则拖，能躲即躲，搞"半拉子"工程，既不能很好地贯彻上级的部署，又不能谋划好本地区本部门的工作。首战必胜，开局起势见精神。只有开局良好、起步顺利，才能信心满满、顺势而为，确保工作稳中有进、稳中求进。

良好的开端是成功的一半。风物长宜放眼量，思路一新天地宽。领导干部要统筹兼顾、运筹帷幄，抓住开局这一关键环节，高瞻远瞩，谋篇布局，坚持目标导向、问题导向、效果导向相统一，对全局作出全面、系统的分析，准确找到切入点，精准把握落脚点，有效掌控局势，做到方向不变、道路不偏、力度不减。

蹄疾更需步稳。新官上任三把火。新任领导干部大都有抱负、有激情，想干事、干成事的愿望强烈。但在"烧火"的同时，更应"浇水"。既要敢闯敢试，又要积极稳妥，保持冷静头脑，避免盲目决策，一张蓝图绘到底，以坚如磐石的信心、只争朝夕的劲头、坚忍不拔的毅力，确保"开门红""步步高"。

二十三、善于观察，慎于选择，敢于出手

"危"与"机"是同生共存的，只有增强眼力、魄力、定力，顺应历史潮流，积极应变、主动求变，才能抓住机遇、把握主动，积极稳妥地化危为机、转危为安。领导干部要增强因势而谋、应势而

---

[1] 中共中央文献研究室编：《习近平关于全面建成小康社会论述摘编》，中央文献出版社2016年版，第15页。

动、顺势而为、趁势而上的本领，防止和克服工作中的不谋而断、少谋武断，或谋而不断、优柔寡断，前怕狼后怕虎。

知形识势，谋定而动。只有观大势、谋大局，才能成大事。要自觉提高站位，从政治高度看问题，从大局大势看问题，透过现象看本质，不断提高洞察力、预见力。要发扬民主，遇事多商量、多沟通、多碰撞，广开言路，力求把各方面意见掌握全、掌握准，反复研究、反复比较、择善而从，做好战略谋划。

泰然自若，当机立断。要厚积薄发，增强多谋善断、临机决断的能力。当讨论重要议题出现较大意见分歧时，要深入调研、充分论证、把握机遇，慎重决策，看准了的事就要大胆干，该出手时就出手，做到胆要大、心要细、头要冷，防止拍脑袋的异想天开和灵机一动的主观臆断，更不能犯战略性、颠覆性错误。

二十四、不能争到的就必须放弃掉

老子说："大成若缺，其用不弊。大盈若冲，其用不穷。"凡事都要尽最大努力，争取最好结果。但鱼和熊掌不可兼得，争取不到时就得学会放弃。推动工作、追求进步，都要学会顺其自然、争其必然、得之坦然、失之淡然。只知"进"而不知"止"，很容易碰得头破血流，甚至走上"邪路""不归路"。

有所为有所不为。面面俱到难免顾此失彼。要抓重点、抓关键、抓要害，集中精力办好最重要的事。要突出本地区特色优势，找准推动发展的切入口，有比较、有选择、有标准、有质量，防止"捡到篮子里的都是菜"。要多做为后人做铺垫、打基础的好事，不逞一时之能、不争一时之利。要把问题看得深一些、把困难估计得足一些，防祸于未萌，图患于将来。

有舍才能有得。舍是一种态度、一种美德，更是一种人生智慧。领导干部要正确认识处理公和私、义和利、是和非、正和邪、苦和乐、亲和清的关系，尤其需要从政治上作出决断和取舍。要看轻名利，把职位当作为党和人民作贡献的平台，正确看待进退留转，在干事创业中实现人生价值。

二十五、时刻警惕自己出危险

"君子安而不忘危，存而不忘亡，治而不忘乱，是以身安而国家可保也。"从政之路上随时都可能遇到危险，稍有疏忽差池，就可能被危险缠身。善于运用底线思维，保持高度警惕，是一种很重要的领导艺术。

人无远虑，必有近忧。"祸兮，福所依；福兮，祸所伏。"居安思危是人类生存的重要智慧，意识不到危险便是最大的危险，有了危机感可以避免危机出现，没有危机感则恰恰表明正处于危机之中。如果目光短浅、缺乏"远虑"，那么"近忧"就会自动找上门来。缺乏忧患意识的干部，往往更容易"出事情""栽跟头"。只有增强忧患意识，居安思危、知危图安，保持清醒头脑，才能确保自己不出危险。

自己不打倒自己，谁也打不倒你。"忧劳兴国，逸豫亡身。"即使危险产生的概率不大，但终究有发生可能，必须做足防范和化解的功课。面对风险和考验，领导干部必须如履薄冰、如临深渊，时刻保持高度警觉；必须慎终如始，不断增强定力，绝不越雷池半步；必须下好先手棋、打好主动仗、掌握主动权，最大限度把风险化解在萌芽状态，任凭风浪起、稳坐钓鱼船。

二十六、多点看问题，就不会有死路

问题是时代的声音。马克思主义辩证法要求领导干部应学会多角度、多方向思考，多层面看待问题。"一千个读者心中，有一千个哈姆雷特。"领导干部如果只从一个角度去看问题，自然难以发现问题或是看不到问题全貌，画地为牢，甚至还会钻"牛角尖"、进"死胡同"。

横看成岭侧成峰，远近高低各不同。领导干部如果站位不够高、视野不够开阔，就容易产生"当局者"心态，掉入问题陷阱，死盯一点不及其余，找不到出路。"见骥一毛，不知其状；见画一色，不知其美。"对事物的片面认知，必然导致偏于一隅，暗于大理，头痛医头、脚痛医脚，甚至"坐以待毙"。只有善于从不同角度、不同侧面去观察分析问题，才能够找到解决问题的突破口。

跳出问题看问题，办法总比困难多。领导干部要坚持用全面、联系、发展的观点看问题，善于"跳出庐山看庐山"，努力发散思维，一分为二看问题，多个角度想事情。要强化全局思维、整体意识和大局观念，提高层次看而不是总在低处看，全面看而不是片面看，深入看而不是浅显看，从更宽广的视野中去发现问题的突破口，从不同角度大胆设想以谋求出路，才会"山重水复疑无路，柳暗花明又一村"。

二十七、两利相权取其重，两害相权取其轻

任何事物都有两面性，"利"与"害"相互对立又相互依存，有一利必有一害。趋利避害是人之常情，权衡准确、恰到好处，处理

183

事情就会得心应手。领导干部经常面临比较、选择与取舍，如何趋利避害、实现工作效益最大化，考验着领导干部权衡利弊的智慧。

正确地判断价值。要学会分清孰优孰劣、孰轻孰重、孰缓孰急，准确判断可不可行、能不能做、要不要做、什么时候做，进而使一项工作、一个决策所能产生的效益达到最大化。"利民之事，丝发必兴；厉民之事，毫末必去。"领导干部手握公权，要正确把握价值判断的标准，坚持党和人民利益高于一切，把人民满意不满意、高兴不高兴、答应不答应、赞成不赞成作为衡量利弊得失的根本标准。

理性地作出选择。"是故智者之虑，必杂于利害。"利中有弊、弊中有利，一定条件下二者还会相互转化。领导干部作出重要抉择必须极为审慎，始终兼顾"利"与"害"两个方面，不仅要知道利在哪里、害在何处，还要注意利中之害、害中之利，冷静分析、统筹兼顾、扬长避短，从而作出最为有利的选择。

二十八、单丝不成线，独木不成林

俗话说："人心齐，泰山移。"习近平总书记曾指出："一个手掌，摊开是'多个指头'，握紧是'一个拳头'。"[1] "只有靠'众人拾柴'和'三个臭皮匠'之力，靠大家帮衬，工作才能做好。"[2] 领导干部要讲团结、想团结、懂团结、会团结。

群之所为事无不成，众之所举业无不胜。整体永远大于个体。个人的力量终究是渺小的，团结一切可以团结的力量、调动一切可以调动的积极因素，才能为事业不断发展创造有利条件。讲团结既

---

[1] 习近平：《之江新语》，浙江人民出版社 2007 年版，第 21 页。
[2] 习近平：《之江新语》，浙江人民出版社 2007 年版，第 21 页。

是党对各级领导干部的最基本要求，又是领导干部必须具备的政治素质和思想境界。

懂团结是真聪明，会团结是真本事。领导干部要把讲团结、善团结作为自身修养的必修课，认真执行民主集中制，正确处理集体领导和个人分工负责的关系，坚持到位而不越位，既明白所在岗位的职权界限，不推诿、敢担当，又自觉摆正位置，有效避免越位。要坚持公道正派，凡事出于公心，把党和人民的利益看重一些，把个人得失看淡一些，"小我"服从"大我"，个人服从组织，努力做维护团结的表率。

二十九、不打无准备之仗

常言道："居安思危，思则有备，有备无患。"打有准备之仗、有把握之仗，才可以避免祸患。领导干部要善于用全局和长远眼光把握事物发展的趋势和方向，客观辩证地思考和处理问题，谋定后动、有备而为，绝不能"脚踩西瓜皮，滑到哪里算哪里"。

凡事预则立，不预则废。人的意识在反映客观世界时具有目的性计划性，在实施行动之前要预先制定蓝图、目标、行动方式和行动步骤。"没有事先的计划和准备，就不能获得战争的胜利。"领导干部如果缺乏计划性和预见性，临时抱佛脚，当"无头苍蝇"，出现意外就会无招架之力、应对之策，结果事没办好，还浪费人力物力财力。尤其是出台重大政策、决定重大事项之前，要广泛听取意见，评估风险、做好预案，慎重决策。

宁未雨绸缪，勿临渴掘井。有"一叶知秋"的敏锐，还要有"未雨绸缪"的智慧。领导干部要增强战略思维，认清形势、把握趋势、预判形势，把握事物发展方向；要周密谋划、精准研判，提前预知可能出现的问题困难，做到眼睛亮、见事早、行动快；要增强忧患意识，注意"保底""托底""守底"，既要有防范风险的先手，也要有应对和化解风险挑战的高招，既要打好防范和抵御风险的有准备之战，也要打好化险为夷、转危为安的战略主动战。

三十、做敢于斗争的勇士，不做爱惜"羽毛"的绅士

社会是在矛盾运动中前进的，有矛盾就会有斗争。新时代坚持和发展中国特色社会主义是一场伟大社会革命，必须时刻进行具有许多新的历史特点的伟大斗争。敢于斗争是共产党人必须具备的鲜明政治品格。领导干部要发扬斗争精神，做敢于斗争的"战士"，而不应做"爱惜羽毛"的"绅士"，不能一团和气、你好我好大家好。

培养斗争精神，增强斗争本领。敢于斗争、善于斗争是党的光荣传统和宝贵经验，我们正是靠斗争精神才不断从胜利走向新的胜利。领导干部要保持共产党人的风骨、气节、操守、胆魄，敢于承担风险、敢于迎难而上，不断增强斗争勇气、讲求斗争策略、提高斗争艺术、积累斗争经验，做一名扶正祛邪、激浊扬清的先锋战士。

既敢于斗争，又善于斗争。"宝剑锋从磨砺出，梅花香自苦寒来。"进入新时代，领导干部只有敢于同各种违背原则、违反党规党纪、损害党中央权威的现象作坚决斗争，同境内外敌对势力的捣乱破坏作坚决斗争，不回避疑难杂症，不惧怕矛盾问题，才能担负起新的历史使命。

三十一、一个行动胜过一打纲领

反对空谈、强调实干、注重落实，是我们党的优良传统，也是

我们党能够在革命、建设和改革中不断带领人民夺取新胜利的关键。领导干部不仅是科学的决策者，还是决策的执行者，更是落实的示范者。要树立正确的政绩观，发扬求真务实、真抓实干的优良作风，防止徒陈空文、浮光掠影。

光说不做假把式。"良弓在手，贵在速发。"党的事业是靠实干干出来的，而不是靠"喊口号"喊出来、"放空炮"轰出来的。落实与否、落实的效果如何，是执政能力的重要体现，也是对领导力的重要检验。干事创业不能夸夸其谈、坐而论道，关键在于付诸实践、落到实处。只有将思路变成具体行动，化为实际效果，才能不断推动经济社会发展。相反，如果"嘴上说得好、脚下没行动"，只能是纸上谈兵、虚谈废务、空言无补。

做好方显真本事。马上行动是最有力的宣言，落地见效是最有效的担当。"做好"强调工作标准和效果，既要讲效率，也要有实绩。领导干部不仅要有遇事不拖、雷厉风行的工作作风，还要注重"速度+效率"的结合，态度上不折不扣、不讲条件，行动上抓实抓细、做出效果。

三十二、牵牛要牵鼻子，打蛇要打七寸

古人云："举网以纲，千目皆张；振裘持领，万毛自整。"任何事物都有一个关键部位，抓住它，再凶猛的牛、再狡猾的蛇，也只能乖乖就范。习近平总书记指出："抓住重点带动面上工作，是唯物辩证法的要求，也是我们党在革命、建设、改革进程中一贯倡导和坚持的方法。"[1] 领导干部要善于抓住重点，从根本的主要的方面着

---

[1] 《习近平谈治国理政》第2卷，外文出版社2017年版，第61页。

手，从关键的重要的环节着力，不断取得工作的新进展。

既抓主要矛盾，也抓矛盾的主要方面。在事物的发展过程中，既存在主要矛盾和次要矛盾，也存在矛盾的主要方面和次要方面，这两对关系相互依赖相互影响，在一定条件下可以相互转化。问题有大小，矛盾有主次，主要矛盾和矛盾的主要方面占主导地位，决定事物的发展方向。把握发展的主要矛盾，才能产生"牵一发而动全身"的效应；抓住矛盾的主要方面，才能取得"一子落而满盘活"的效果。领导干部要善于抓主要矛盾和矛盾的主要方面，切实做到"打鼓打到重心处、谋事谋到要害上"。

既抓"关键环节"，也抓"关键少数"。一项复杂繁重的工作由很多环节构成，但每个环节的权重不一样，击破关键困难，抓住关键环节，就把握了发展的方向，往往势如破竹，"可传檄而定也"，"万里长风起云端"。领导干部是干事创业的主心骨，是政治生态的风向标，抓住"关键少数"，就能作出表率、起好示范。要分出轻重缓急，理清工作思路，抓住"关键环节"与"关键少数"，而不能"眉毛胡子一把抓"。

三十三、兼听则明，偏听则暗

唐太宗李世民问宰相魏征："人主何为而明？何为而暗？"对曰："兼听则明，偏听则暗。"意思是要同时听取各方面的意见，才能正确认识事物；只相信单方面的话，必然会犯片面性的错误。领导干部把方向、作决策，一个重要的方法就是善于听取多方面意见，不断分析研究对比，进而作出正确的判断。

广开言路是重要的领导方法。我们党来自人民，广泛听取人民意见是我们党不断发展壮大的一个重要原因。习近平总书记指出：

"对中国共产党而言,要容得下尖锐批评,做到有则改之、无则加勉。"[1] 领导干部要避免少犯错误、少走弯路,一个重要方法是广开言路、开门纳谏,拜人民为师,广泛听取群众意见建议。

兼听必须想听、真听、全听。想听,即听意见必须自觉主动,有抛开面子、揭短亮丑的勇气,有动真碰硬、敢于交锋的精神,有深挖根源、触动灵魂的态度,闻过则喜,从善如流;真听,即听意见必须真诚坦荡、开诚布公,不能左耳进右耳出,也不能听风就是雨;全听,即听意见必须全面广泛,不能只爱听恭维话,不爱听逆耳言,只能听委婉的建议,不能听尖锐的批评,反对的声音要听得进去,批评的话有则改之、无则加勉,别有用心的吹捧之词要头脑清醒、避而远之。

三十四、既要听其言,更要观其行

用人权是最重要的领导权。选准人用好人,精准考察识别是基础和前提。古人讲,"识人识表不识心"。古今中外,识人的方法很多,其中重要一条就是透过现象看本质,既听其言、更观其行,既查其表、更析其里,既看"唱功"、更看"做功"。

言行一致,行重于言。对于那种只承诺不践诺,当面一套、背后一套,口头一套、行动一套,装得很正、藏得很深的人决不能用。特别是要谨防那种"口言善、身行恶"的"两面人",以及那些台上信誓旦旦,而私底下却态度暧昧、丧失立场;口口声声忠诚干净担当,一遇到个人名誉地位就牢骚满腹、消极懈怠的人。

重实干更要重实绩。要靠真本事立身,靠干实事吃饭,脚踏实

---

[1] 习近平:《论坚持人民当家作主》,中央文献出版社2021年版,第12页。

地，在不张扬中干大事。要坚持事业为上，注重选拔埋头苦干、踏实工作、不事张扬的老实人，不找关系、不走路子、不跑门子的规矩人，将那些油腔滑调、溜须拍马、见风使舵、左右逢源的"巧官"挡在"门外"。

三十五、当断不断，反受其乱

法国哲学家布利丹讲过一个寓言：一头饥饿至极的毛驴站在两捆完全相同的草料中间，可是它却始终犹豫不决，不知道应该先吃哪一捆才好，结果被活活饿死，这就是管理学上著名的"布利丹效应"。决断力是指快速判断事物发展趋势并作出一个长远眼光的决策能力，是领导干部应当具备的基本能力。

要熟虑，不要犹豫。"举棋不定，不胜其耦。"那些优柔寡断、左顾右盼、徘徊不前者，即使自身条件再优越也难以成功。进入新时代，面对矛盾叠加、风险隐患增多的严峻挑战，领导干部必须审时度势，深谋远虑，科学决策，行动利落，尤其是在发展机遇面前，在遇到各种风险和挑战面前，更要当机立断、果断行事，坚决防止"议而不决""谋而不断"。要决断，不要武断。干事创业光有志向和勇气往往会南辕北辙，不能盲目决策、莽撞行事，更不能随意决策、瞎乱指挥。尤其是在应对复杂局面的关键时刻，必须善于决断、做好决断。要突出重点、合理确定目标，对决策的目标、任务和举措进行合理取舍，科学确定目标任务和优先顺序，确保决策事项务实可行。

三十六、面向未来，拥抱未来，创造未来

马克思主义认为，一切事物总是在不断地发展变化之中。一切

事物都有一个即将到来的"未来"。未来的意义在于不曾被经历、不断地被更新，对未来的思考带给我们无尽的启发。进入新时代，机遇前所未有，挑战也前所未有。领导干部必须立足时代之基、回答时代之问、引领时代潮流，以新状态踏上新征程，以新担当展现新作为。

未来长于过去孕于现在。习近平总书记指出："历史不能选择，现在可以把握，未来可以开创！"[1] 领导干部要立足时代、不忘本来、吸收外来、着眼未来去推动发展。当然，任何发展之路不可能总是一帆风顺，有顺境也有逆境，有鲜花也有荆棘。但无论过去、现在，还是未来，都要坚定对马克思主义的信仰、中国特色社会主义的信念、对实现中华民族伟大复兴中国梦的信心。

奋斗是迎接未来的最好姿态。习近平总书记指出："历史总是要前进的，历史从不等待一切犹豫者、观望者、懈怠者、软弱者。只有与历史同步伐、与时代共命运的人，才能赢得光明的未来。"[2] 新时代是追梦者的时代、奋斗者的时代，唯实干才能创造辉煌的未来。百舸争流，奋楫者先；千帆竞发，勇进者胜。领导干部要永远把人民对美好生活的向往作为奋斗目标，以永不懈怠的精神状态和一往无前的奋进姿态，站在改革开放再出发的历史新起点上，干在实处、走在前列，朝着全面建成小康社会、夺取新时代中国特色社会主义伟大胜利、实现中华民族伟大复兴中国梦的目标奋勇前进。

---

[1] 《习近平著作选读》第 2 卷，人民出版社 2023 年版，第 239 页。

[2] 《习近平谈治国理政》第 2 卷，外文出版社 2017 年版，第 32 页。

领导方法与艺术十三题

领导方法是实现领导目的的"桥"和"船";领导艺术是创造性运用领导科学、原则和方法所展现出的高超技巧。毛泽东指出:"我们的任务是过河,但是没有桥或没有船就不能过。不解决桥或船的问题,过河就是一句空话。不解决方法问题,任务也只是瞎说一顿。"[①]领导艺术的最高境界就是眼光敏锐,见微知著,"为之于未有,治之于未乱",防患于未然,化解于无形,开展工作有板有眼,纵横捭阖,张弛有度,"谈笑间,樯橹灰飞烟灭"。做好领导工作,必须不断改进领导方法,提高领导艺术,在新时代,领导干部应重点掌握好以下13个方面的观点和思想。

一、领导方法和艺术是领导力的集中体现

习近平总书记曾指出,"领导方法和工作方法十分重要。方法对头,事半功倍,方法失当,事倍功半"[②],"一个高明的领导,讲究领

[①] 《毛泽东选集》第1卷,人民出版社1991年版,第139页。
[②] 习近平:《干在实处　走在前列——推进浙江新发展的思考与实践》,中共中央党校出版社2006年版,第549页。

导艺术，知关节，得要领，把握规律，掌握节奏，举重若轻"[1]。领导力是领导活动的生命，是灵活应变的领导方法与不同凡响的领导艺术的创造性结合，缺乏领导艺术，领导活动就会单调与呆板；缺乏领导方法，领导活动就会低效和拙劣。

二、领导领导，既要"领"，也要"导"

"领导"一词，顾名思义就是要既"领"又"导"；既要引领、统领、率领、带领，又要传导、引导、指导、疏导。"利剑终当敌不过思想"。最高明的领导，是思想引领、文化引领；最有效的力量，是真理力量、人格力量。领导干部称职不称职、优秀不优秀，既要看"领"得怎样，还要看"导"得如何，做到既"挂帅"又"出征"，既"表态"又"表率"，以上率下、真抓实干，切忌高高在上、凌空蹈虚。

三、坚持一切从实际出发

从实际出发是指从客观存在着的事物及其规律出发，从运动、变化、发展的实际情况出发，按照客观世界的本来面目去认识和改造世界。一切从实际出发是马克思主义一贯坚持的基本原则，是唯物主义关于物质第一性、意识第二性的根本原理在方法论上的具体体现。领导干部想问题、办事情，必须坚持一切从实际出发，绝不能好高骛远、脱离实际，绝不能热衷于喊口号、做表面文章，绝不

---

[1] 习近平：《干在实处　走在前列——推进浙江新发展的思考与实践》，中共中央党校出版社2006年版，第553页。

能搞盆景工程、口惠而实不至，绝不能只当"收发室""传话筒"。

四、以德立威、以才立威、以绩立威

领导干部要有威信，但威信不等于威慑，威严不等于威逼，不管是"装"还是"摆"，树起来的最多是官气、官威。领导的威信靠上级封不出来，靠权力压不出来，靠宣传吹不出来，靠小聪明骗不出来。领导干部必须善养浩然之气，打造过硬本领，以海纳百川的气度厚待人，凭扎实过硬的能力和作风说服人，用两袖清风的操守影响人。

五、抓班子带队伍是领导工作永恒的主题

毛泽东指出："领导的责任，归结起来，主要的是出主意、用干部两件事。"[①] 抓住了这两条，也就抓住了做领导的根本。"戏看主角军看帅"，事业成败核心在领导班子，关键看干部队伍。抓班子，就是要抓住"关键少数"，造就具有铁一般信仰、铁一般信念、铁一般纪律、铁一般担当的执政骨干；带队伍，就要统筹抓好干部"选、育、管、用"，推动广大干部严格按照制度履行职责、行使权力、开展工作，培养党和人民事业需要的高素质干部队伍。

六、调查研究是谋事之基、成事之道

调查研究是作谋划、定决策、抓落实的重要前提。调查研究不

---

① 《毛泽东选集》第 2 卷，人民出版社 1991 年版，第 527 页。

仅是一种工作方法，而且是关系党和人民事业得失成败的大问题。没有调查就没有发言权，更没有决策权。做好新时代领导工作，调查研究是基本功，必须坚持"从群众中来，到群众中去"，坚持问题导向、目标导向、效果导向相统一，把调查和研究紧密结合起来，注重调研成果转化，切实提高谋事和决策水平，增强贯彻落实新发展理念、构建新发展格局的能力。

七、必须做好"结合"这篇大文章

毛泽东指出："我们共产党人无论进行何项工作，有两个方法是必须采用的，一是一般和个别相结合，二是领导和群众相结合。"[①] 做好新时代领导工作，只有善于把"学"和"做"、"知"与"行"结合起来，把"上情"和"下情"、"过去"和"现在"结合起来，把矛盾的普遍性和特殊性结合起来，把工作的原则性和灵活性结合起来，因时因地制宜，科学精准施策，才能使各项工作富有预见性创造性实效性。

八、有能力"统"，才有胆略"放"

习近平总书记指出："统筹兼顾是中国共产党的一个科学方法论。"[②] 统放结合是一种科学有效的工作方法，是统筹兼顾的重要表现。统，就是强调控制力，即驾驭全局、把握方向的能力，统揽全

---

① 《毛泽东选集》第 3 卷，人民出版社 1991 年版，第 897 页。
② 习近平：《干在实处　走在前列——推进浙江新发展的思考与实践》，中共中央党校出版社 2006 年版，第 25 页。

局才能全面发展；放，强调的是充分信任、敢于放手，调动下属的积极性和创造性。领导者只有掌握"统"与"放"的工作方法，在工作中做到统揽而不包揽、信任而不放任、放手而不甩手，才能使工作统而不散、统大放小、统放自如、游刃有余。做好新时代领导工作，既要加强统领，总揽全局、突出重点，使工作"提纲挈领，百毛皆顺"；也要懂得放手，大胆放权、合理授权，对下属给予充分信任。

九、抓两头、带中间

毛泽东指出："抓两头带中间。这是一个很好的领导方法。任何一种情况都有两头，即是有先进和落后，中间的状态又总是占多数。抓住两头就把中间带动起来了。这是一个辩证的方法，抓两头，抓先进和落后，就是抓住了两个对立面。"[①]"两头"是矛盾的特殊性表现，是少数；"中间"是矛盾普遍性体现，是大多数。做好新时代领导工作，一定要正确理解矛盾的普遍性和特殊性关系，既善于牵住"牛鼻子"，抓重点、抓关键，又善于抓点带面，形成比学赶超、齐头并进的氛围。

十、功要奖，过要罚，奖惩分明

恩威并施、奖惩分明是一种有效的领导控制方法和高超的平衡艺术。只奖不罚难免会纵容下属，使其难以驾驭；只罚不奖则会引起其心理和行动上的对抗，失去凝聚力，权力将形同虚设。只有赏

---

① 《毛泽东文集》第 7 卷，人民出版社 1999 年版，第 349 页。

罚分明，才得以"犯三军之众，若使一人"，取得管理实效。做好新时代领导工作，一定要摒弃当"老好人"或只做"铁面人"的错误思想，既要善用激励之法，论功行赏、鼓舞士气，又要善用惩罚之法，动真碰硬、树立威信，真正做到奖赏有度、刚柔并济。

十一、智者善于倾听，愚者没有耐心

古人云："多见者博，多闻者智，拒谏者塞，专己者孤。"倾听不是简单地听，而是全身心感受对方的话语，并通过思维活动充分认知和理解，是一种有效的沟通、心灵的交流。倾听是了解情况的重要手段，而耐心是倾听质量的保证。保持耐心，才能让说话者畅所欲言、表达完整的意见，从而了解清楚来龙去脉、前因后果。做好新时代领导工作，要乐于倾听，广开言路、开门问策；要勇于倾听，既听顺耳之言，也听逆耳之言；要善于倾听，不仅听全、听深，还能听出言外之意。

十二、善于欣赏是最高明的领导艺术

生活中不缺少闪光，只缺少眼光。被关注、被认同、被欣赏是人内心深处的希冀，能影响人的一生。从事领导工作，欣赏是鼓舞士气、凝聚人心最重要、最有效的一种领导方法，也是一种可以在潜移默化、润物无声中改变人而不触犯或引起反感的最高明的领导艺术。做好新时代领导工作，必须练就一双识人的慧眼，既要用欣赏的眼光发现下属的"闪光点"，多角度欣赏、全方位识别干部，提高知事识人、知人善任的本领，也要及时称赞他人的每一点进步，当好善于团结人、带动人、培养人的伯乐。

十三、功不独居，过不推人

对于领导者来说，如何对待功过是非，不仅衡量其思想境界，更检验其团结共事能力。公道自在人心，功过自有定论。如果一味争功诿过，带头助长歪风邪气，必将使公平正义的天平失衡，使团队失去凝聚力、战斗力。做好新时代领导工作，不仅需要自身有过硬的"单兵作战能力"，更需要汇聚"拧成一股绳"的整体合力。这就要求领导干部必须拥有功成不必在我、功成必定有我的格局，成就他人、快乐自己的胸襟。

领导方法负面清单二十项

领导方法是领导者从事领导活动所运用的方式和手段。方向确定以后，方法便为王。一定意义上说，能不能实施正确有效的领导，取决于领导者有没有科学的领导方法。当下，一些领导干部"老办法不管用、新办法不会用、硬办法不敢用、软办法不顶用"，说到底还是没有掌握正确的领导方法。如果从负面清单去了解问题所在，就可以少走弯路、减少失误，正确的方法自然会应运而生。新时代对领导方法提出了更高要求。结合多年实践和思考，谨就领导方法容易出现的偏向和误区列出 20 项负面清单，我们要有则改之，无则加勉。

一、只想当官不想干事，只想揽权不想担责，只想出彩不想出力

在其位、谋其政、担其责，是对领导干部的基本要求。现实中，一些领导干部把当官当作一种享受和炫耀，见了好处就上，遇到困难就让，追求权力多多益善，承担责任越少越好。这样的人是没有资格当领导干部的，不能委以重任。为官就得正"官念"。应当把权力视为一种负担，当官是受罪的，没有那么好当的，无官才一身轻。党和人民把我们放在领导岗位上，就是对我们的信任，是给了我们为党分忧、为国效力、为民尽责的机会。要对党的事业绝对忠

诚，以干事为荣，以避事为耻，尽到一个人民公仆的本分。为官就得有担当。有职必有责，有责必担当，有多大担当才能干多大事业。要积极主动承担党和人民赋予的各项任务，尤其是急难险重的任务，善于解决别人解决不了的问题，在大是大非面前敢于亮剑，在矛盾问题面前迎难而上，在危机困难关头挺身而出。为官就得有作为。有的领导干部只想用权享乐而不想吃苦受累。这从根本上讲，是没有搞清党的干部与封建官僚的根本区别。全心全意为人民服务是我们党的宗旨，也应是各级领导干部的初心使命。要做一名合格的领导干部，就必须付出耕耘的汗水，心甘情愿地消耗自己。要有"一日无为、三日难安"的境界，自觉走在前、作表率、苦干实干、主动作为，创造出一番经得起人民、历史和实践检验的成绩，不负组织重托、人民期望。

二、"我的地盘我做主"

这是一种封建官僚思想，就是"针插不进、水泼不进"，搞"独立王国"；封官许愿、任人唯亲，专横跋扈，践踏民主集中制，大搞家长制，个人说了算，树立所谓"绝对权威"，成了"一霸手"。这是不讲政治、不守规矩的表现，对党风政风社会风气危害极大，对政治生态破坏极大，必须坚决杜绝。要自觉摆正位置，不能把职权范围当作私人领地。铁打的衙门流水的官。必须清醒地认识到自己的岗位是组织安排的，权为民所赋，权为民所用，掌握的是公器，手中的权力姓公不姓私，做到公器与私利，楚河汉界，泾渭分明。坚决反对分散主义、本位主义、山头主义、地方保护主义。要敬畏组织、敬畏权力，不能把岗位当作炫耀的资本，自我膨胀、自我陶醉。要把纪律和规矩挺在前面，不能"一手遮天"。要始终把讲政治摆在首位，牢固树立"四个意识"，自觉做到"四个服从"，坚决维护党中央权威和集中统一领导。要严格执行党章和各项纪律规矩，不折不扣落实好上级的决策部署，不搞选择性执行、变通性操作，确保令行禁止、政令畅通。要充分发扬民主，不搞"一言堂"。领导干部特别是一把手要带头执行好民主集中制，严格严肃领导班子议事规则和决策程序，广泛听取意见、集思广益，达成共识、形成共为，推动工作落地见效。要把团结作为一条政治纪律要求，作为一种政治境界、思想境界来追求，形成心齐、气顺、风正、劲足的生动局面。

三、只要结果，不要过程

过程是事物发展所经过的程序、阶段，经历一定的过程，才会有一定的结果。"只要结果，不要过程"，好像很有魄力，其实不然，反映出一些领导干部急于求成，工作不深不细，是典型的官僚主义作风和"甩手掌柜"的做法，往往促使下属为了完成任务、交差应付而弄虚作假、欺上瞒下，造假数字、搞政绩工程。过程和结果一样重要，没有过程哪有结果，过程管控好了，结果自然不会差到哪里去。要合理安排，把握节奏。尊重客观实际，实事求是地给下属安排任务、下达指标，既给下属压担子，又使其充分发挥工作积极性、创造性。同时，重要工作要牢牢抓在手上，加强过程管控，深度介入，掌握好节奏、步骤和力度，对各项工作开展情况做到心中有数。要严格标准，及时纠偏。方向正确才会有好的结果，注重过程必须注重纠偏。既要注重纠正偏向，避免大方向上的南辕北辙；又要注重纠正偏差，善于发现并关注下属在工作过程中出现的错误问题，主动做一些细致、具体的工作，出点子、教方法，及时修正完善，切实提高工作质量。要总结反思，不断进步。善于总结反思者，总是能够将认识升华、发展，最终指导实践、取得成效。要在过程中边实践、边总结，既要总结正面经验，增强信心、鼓舞斗志；又要汲取反面教训，举一反三、亡羊补牢。

四、只许州官放火，不许百姓点灯

这是一种封建余毒，比喻一些领导干部自己无法无天、肆意妄为，对待下属和群众却求全责备、锱铢必较，从深层次折射出一些领导干部身上的"官本位"思想、特权思想。政者，正也。领导干部必须以身作则、率先垂范，严以用权。要把人民放在心中最高位置。坚持以人民为中心的发展思想，在全心全意为人民服务中提高政治站位、提高工作能力，在服务人民中不断完善自己，做到严以用权、为民用权，利民之事、丝发必兴，厉民之事、毫末必去。要把自己摆进去。坚决反对特权思想、特权现象，牢固树立法律面前人人平等、制度面前没有特权、规章约束没有例外的意识，要求别人做的自己先做到，要求别人不做的自己坚决不做，使正人先正己的意识深深根植于思想和行动之中。要把权力关进制度的笼子。以敬畏之心对待手中的权力，秉公用权、依法用权、廉洁用权，做到"法无授权不可为"。主动接受监督、自觉接受监督、乐于接受监督，养成在"放大镜""聚光灯"下行使权力的习惯，让权力在阳光下运行。

五、多栽花，少栽刺

花，柔和、芳香，闻着神清气爽；刺，坚硬、锐利，一不小心会伤人伤己，所以大家都喜欢栽花，不喜欢栽刺。但在领导工作中，如果一味讨巧卖乖、回避矛盾，搞无原则的一团和气，就变成了典型的明哲保身和精致的利己主义者。习近平总书记曾指出："好人主义盛行，有问题不指出，有过错不批评，这种庸俗作风盛行之处，往往就是党组织和领导上政治软弱、作风涣散的地方，就是党员、干部中出问题多的地方。"[1]所以领导干部要多听"刺"言、少听"花"语，当"栽刺"时须"栽刺"，不能搞爱惜自己的羽毛那一套。要敢于讲真话。跟理不跟人、从道不从上，一是一、二是二，丁是丁、卯是卯，是非曲直、好坏对错，分得清清楚楚，不当"老好人"、不搞"好人主义"。"好人主义"绝不是什么好主义。当然，讲真话也要讲究策略、场合、时机，尽量化消极因素为积极因素。要敢于坚持原则。长期掩盖矛盾而不正视矛盾，只能造成矛盾激化。要讲党性不讲私情、讲真理不讲面子、敢于亮剑不怕得罪人，毫不犹豫地站稳党性立场，坚定不移维护人民利益。要让上下级之间、同志之间的关系回归正常、理性和本真，团结而不"结团"，同志而不"同伙"。要敢于进行积极健康的思想斗争。发扬斗争精神，区分斗争性质，提高斗争本领，进行伟大斗争。要坚持真理、修正错误，严肃党内政治生活，具有不怕得罪人的凛然正气，敢于批评和自我批评，旗帜鲜明地抵制和反对关系学、厚黑学、官场术、潜规则等庸俗腐朽的政治文化，不断培厚良好政治生态的土壤。

六、见人说人话，见鬼说鬼话

这话常常用于形容见风使舵、阳奉阴违的人。现实中，那些被查出的腐败分子都是台上一套，台下一套；说一套，做一套；人前

---

[1] 中共中央文献研究室编：《十七大以来重要文献选编》（下），中央文献出版社2013年版，第826页。

是人，人后是鬼；搞口是心非、阳奉阴违的"伪忠诚"。党章明确规定："反对阳奉阴违的两面派行为和一切阴谋诡计。""两面人"弄虚作假，欺上瞒下，自以为天衣无缝，殊不知天网恢恢，疏而不漏，"假脸"终有一天会被撕破。领导干部一定要对党忠诚老实，说老实话、办老实事、做老实人。要光明磊落，坦坦荡荡。为人处世只有襟怀坦荡，才能团结同志、凝聚人心。无论对上级、对下属、对群众都要推心置腹，以诚待人、以情动人、以心交人，不分高低贵贱，不分亲疏远近。要坚决杜绝"七个有之"，做到"五个必须"，在守纪律、讲规矩上作表率，自觉做政治上的明白人、老实人。要表里如一，言行一致。以事实为依据，如实地反映客观情况，既不能藏着掖着、报喜不报忧，也不能歪曲事实、掩盖真相、弄虚作假，在该发表意见的时候，大胆表达自己的观点，决不违心地见风使舵、言不由衷，更不能搞"会上不说，会下乱说"。要善于甄别"两面人"。坚持全方位、多角度、立体式地考察干部，注重干部的一贯表现，全面、历史、辩证地看干部，从蛛丝马迹中让"伪忠诚者"现原形、难存活，把那些口是心非、阳奉阴违的"两面人"甄别出来、调整出去。

七、通不通三分钟，再不通龙卷风

做任何事情都要循序渐进，一步一步来，不能急于求成，否则欲速则不达。有的干部工作方式简单、态度粗暴，没有耐心和恒心，用压服代替说服，动不动就大发雷霆、大动肝火。这是典型的通不通三分钟、再不通龙卷风，心浮气躁的表现，是作风不正、党性修养不够的反映。要不厌其烦，不畏其难。安排部署工作，面对下属的不理解、不明白，要认真指导，将心比心，切不可轻易动怒发火，能够容言容人容事，以冷静和韧性从容应对一切。面对突发事件，要与群众面对面交流沟通，安抚他们的情绪，耐心细致地做思想工作，对合理的要求给予明确答复，对于不合理的部分做好法律、政策的宣传解释。要春风化雨，润物无声。站在能有效解决问题的角度上去出主意、想办法、做决策，用心用情、尽职尽责地做好工作，把对上负责与对下负责有机统一起来，对存在的问题要及时分析研判，注重在实践中学习和揣摩，善于总结和积累经验。要动之以情，晓之以理。求同存异，允许有不同意见，对于工作中不妨碍大同的个性，不能采取限制或者打压的办法。面对认识模糊、矛盾分歧较大的问题，要引导大家明是非、辨真伪，学会换位思考，解开思想疙瘩，做到心平气和、心齐气顺。

八、坐着小车转一转，隔着玻璃看一看，看完以后吃顿饭

密切联系群众是党的优良传统，也是对领导干部的基本要求。然而，现实中有的领导干部到基层调研，满足于走一走、看一看，与群众握个手、照张相；有的两手空空一身轻，不带纸来不带笔；有的人到心不到，浮光掠影、蜻蜓点水、走马观花。这些典型的形式主义做法，既体察不到基层真实情况，更不可能为群众解决实际困难，伤害群众感情，损害自身形象。要"身入"，更要"心入"。经常深入到基层一线去"接地气""摸活鱼"，经常到群众中了解掌握"沾泥土""带露珠""冒热气"的鲜活情况，放下架子，扑下身子，拜人民为师、向人民学习，问需于民、问计于民，真正和广大群众打成一片、融为一体。要"调查"，更要"研究"。带着问题下基层，既摸清综合情况、又了解典型案例，既了解成绩经验、又发现问题

不足。坚持从群众中来、到群众中去，在深入了解情况的基础上进行去粗取精、去伪存真，由此及彼、由表及里的研究分析，使制定的政策措施更有针对性、操作性。要解难题，更要聚人心。及时解决涉及群众切身利益的重大问题，真心实意地纾民困、排民忧、解民难，在为民服务中赢民心、树形象。

九、新官上任三把火

一些干部走上领导岗位后，上任伊始情况不明胆子大，总想着烧"三把火"来立威、来体现自己的本事。有的便是几番猛火之后就失去了耐力和定力，搞得虎头蛇尾、半途而废。然而，这"火"该烧什么、该怎么烧，都应该事先想清楚、弄明白。其实，隔行如隔山，任何一项工作都不简单。因此，初来乍到，要少烧"三把火"，多浇"三盆水"：一盆洗头，头脑清醒有定力；一盆洗手，手不乱拿清正廉洁；一盆洗脚，迈开脚步深入基层。根据领导工作的基本原理，新官上任首先是要控制局面、确保平稳运行，再来考虑出新出彩的问题。立足长远，循序渐进。不能只做一些显山露水、"贴金露脸"的事，更要关注那些工作难度大、事关长远和老百姓根本利益的大事难事实事。要延续过去合理的、可行的、科学的决策，立足当前，着眼长远，甘做铺垫工作，甘抓未成之事。静水深流，方成大业。必须学会低调做人、高调做事、平实为官，深刻而不肤浅、内敛而不浮华、昂扬而不张扬，始终保持着创业的姿态，始终维持着炽热的情怀，始终坚持无私的理想，在不张扬中成就一番大事业。持续用力，久久为功。"事辍者无功，耕怠者无获。"正确的方针政策要取得实效，重在坚持、贵在坚持、难在坚持。要不忘初心、牢记使命，持续保持热情和干劲，过了一山再登一峰、跨过一沟再越一壑，朝着既定的目标持续用力、久久为功。

十、"说了"就是"做了"，"动了"就是"成了"

日常生活中，我们都知道说和做是两码事，行动了不代表就完成了，关键还是要看结果、看成效。但有的领导干部却自欺欺人，发个文、开个会，就等于工作已经开展了、任务已经完成了。有的只说不做，行动在嘴上、落实在纸上，讲得头头是道、做得轻轻飘飘；有的雷声大、雨点小，表决心惊天动地，看成效毛毛细雨；有的工作措施才制定，就开始总结宣传经验。领导干部一定要走"实干兴邦"的大道，不走投机取巧的邪路，做到谋事实、创业实、做人实。一个行动胜过一打纲领。说一千道一万，不如实际干一干。喊破嗓子，不如做出样子。要真抓实干，出实策、鼓足劲、办实事，不图虚名、不务虚功，每一项工作都要想深想细想透，每一个环节都要把控到位，每一个成效都要看得见摸得着。落实是对上级最好的汇报。干工作最容易的是做样子，最费力的是抓落实。凡是对组织和群众作出的承诺，必须无条件地、尽全力地去履行。要强化结果思维、效果导向，做事不只是满足于做了，而是要追求做成、做好。工作完成后要及时反馈。没有督查就没有落实。任务布置了并不意味着就万事大吉，关键是要强化跟踪问效、督查落实。一件工作不仅要交任务，还要注意解决相关问题并且定期跟踪监测，检查完成情况，确保各项任务落实到位、做出成效。

十一、新官不理旧账

新官理旧账，才是正确的政绩观。新上任的领导干部，不仅要接过权力，也要接下问题，以不怕难、不怕乱的态度去迎接任务、解决问题。一些领导干部怀有"新官不理旧账"的心态，有的对前任工作思路、各项规划一味否定"兜底翻"，另起炉灶搞一套；有的认为遗留问题多为"烫手的山芋"，历史旧账都是烂账、糊涂账，与己无关，不愿收拾烂摊子。不认旧账，就是不担当不作为。新官要主动认领这些"旧账"，正常的账要清，失误的账要纠，不完善的账要补，尤其是涉及群众利益的账要分文不差地还。要有继承"旧账"的担当。"接位"更要"接力"，无条件接受单位、组织的债权债务，及时进行清算审计，不怕拖累和麻烦，更不能因前任提拔为上级领导，就不敢较真碰硬。要有"一张蓝图绘到底"的境界和担当，考虑经济发展和政策落实的连续性，继承过去的好思路、好经验、好做法，不能盲目"否定"、任意"洗牌"。要有偿还"老账"的方法。要处理好"陈年老账"，光有担当精神是不够的，还需要不断增强自身的能力素质，丰富自身的经验阅历，把老账圆满了结。要把问题当作一个"好东西"，用历史的眼光和发展的思维审视、总结问题，把准症结，正确处理"旧账"背后盘根错节的利益关系和矛盾交织的复杂局面，在循环往复中推动工作。要有不欠"新账"的作为。解决了"老账"，并不意味着就不会欠下"新账"。要提升决策部署的合理性和科学性，避免患上政绩"狂躁症"，盲目增加群众负担，透支发展后劲。要当敢于认账的领导，还账不赖账，交账不欠账，才能让人民群众真正对你"买账"。

十二、种了别人的地，荒了自家的田

一般来讲，田地中间都有界石，哪块是你的，哪块是我的，一清二楚，农民只会在自己的田地里耕种劳作，而不会放着自己的地不管，去帮别人种田。如果不小心弄错了，还会被人笑话，成为笑谈。现实中，一些领导干部主业意识模糊、主责边界不清。其后果，必然导致职责错位、越位、缺位，最终影响全局工作的推进和效果。"在其位，谋其政"，领导干部首先要明白自己的主要职责所在，按职能职责做事，做好分内之事。要厘清职责边界。无论从事哪项工作，身处哪个岗位，首要的是搞清楚工作任务是什么，职责边界在哪里。要制定职责清单，明确哪些事情是自己必须做的，哪些责任是必须要承担的。要自觉按职能职责做事。要坚持"谁家的孩子谁抱走"，聚焦中心任务，突出主责主业，善于从繁杂的"副业"中解脱出来，把主要精力转移到主要工作任务上来，把不该管的事交还给主责部门，把该管的切实管住、管好、管到位，而不是扔下自己该干的事不干，去凑那些不该凑的热闹。既要为一域争光，又要为全局添彩。干好本职工作，不是"事不关己，高高挂起"，更不是搞个人主义、本位主义。要把围绕中心、服务大局作为思考谋划一切工作的根本出发点和落脚点，在大局中找准定位，既按职履责，又按章履事；既种好自留地、管好责任田，又唱好"群英会"、打好"合力牌"。

十三、脚踩西瓜皮，滑到哪里算哪里

做事要有计划性、前瞻性，不能凭感觉做事，见子打子。"凡事预则立，不预则废。"领导干部从事的是党和人民的事业，需要科学周密的谋划，制定长期、中期、短期目标，下好先手棋、打好主动仗，不让一日空过，不能没有目标、计划。目标明确，才能行稳致远。干事业、抓工作，只有精准聚焦、靶向瞄准，才能朝着正确的方向不断前进。卓越是远大目标和切实行动的融合。要立足当前、直面问题，着眼未来、登高望远，做到"身在事之中、心在事之上"。心中有数,才能手里有招。无论做什么事,都要预先知道事情的可能发展前景,预先看到可能遇到的困难,预先防止可能发生的最坏情况,为争取最好结果而做好各方面准备。要加强统筹谋划,强化总体设计,分清轻重缓急,对实现目标作出周密、详细的安排部署。对可能出现的突发情况,要举重若轻、果断决策,以简单对复杂、快刀斩乱麻。一锤接着一锤敲,才能把钉子钉好。行百里者半九十。当领导干部就要紧盯大事要事打攻坚战,紧盯急事难事打歼灭战,紧盯薄弱环节打持久战,积小胜为大胜,脚踏实地、勤勤恳恳,切实履行好自己的岗位职责。

十四、头痛医头,脚痛医脚

这句话比喻处理问题不从全局考虑,不究其根本。这种手法只是蹩脚郎中的招数,找准病灶、对症下药,才是祛病良方。做好领导工作,必须强化系统思维,对事情进行系统思考和整体谋划,注意各要素之间的关联性、耦合性,坚持系统思考、科学统筹,防止就事论事、单兵突进、零敲碎打。发现问题要"望闻问切"。要强化问题导向、过程导向、目标导向和效果导向,多运用"求解性思维",开展深入的调查研究,努力找到解决问题的钥匙。要善于透过现象看本质,撇开枝节抓根本,从繁杂问题中把握事物的规律性,从苗头问题中发现事物的倾向性,从偶然问题中揭示事物的必然性。剖析问题要"深挖病灶"。要瞄着问题去,追着问题走,坚持具体问题具体分析,善于进行交换比较反复,善于把握工作的时度效。要盯住根本问题、关键环节,标本兼治,做到有的放矢,一把钥匙开一把锁。解决问题要"辨证施治"。"不谋全局者,不能谋一域;不谋万世者,不足谋一时。"系统优于个体,领导干部必须增强整体意识,善于运用系统思维解决问题、推动工作。要注意分寸、掌握火候，不断调适、优化和再平衡，防止畸重畸轻、单兵突进、顾此失彼。

十五、东一榔头西一棒子

这句话一般用来指代一些干部抓工作没有主见，分不清主次、理不清头绪。"打一枪换一个地方"，结果往往一事无成，竹篮打水一场空。惟有思路清，方可方向明。一个干部理论上不成熟，其他方面也不可能成熟。领导干部要知大局，明大势，因势而谋，因势而动，因势而进。纲举才能目张。要提高理论水平，切实做到理论与实际相结合。只讲理论而不联系实践或只讲实践而不联系理论，都是理论与实践相脱节的表现，都应当防止和反对。要九九归一，紧盯影响工作进展的主要问题或问题的主要方面，注重对全局性、关键性问题的动态把握，分层次、有节奏地推进，既善于解决浮在表面的问题，又注意解决深层次问题。一般与个别相结合。领导工作千头万绪，要分得清大小，有所侧重。既做好一般的工作，更做好个别研究、个别解决，增加工作的深度和针对性、差异性。当局部利益和整体利益相冲突时，要以整体利益为重；当紧急的事和一般的事冲突时，要先做紧急的事。谋事布局一盘棋。要多谋善断，从整体上把握事物的联系，统揽全局、统御各方，统筹衔接好各项任务，优化资源配置，确保各要素无缝对接，增强工作的系统性、整体性、协调性。

十六、捡到篮子里的都是菜

货比三家知好赖，人比三事知长短。有比较才能有鉴别，有鉴别才能有发展。有的干部在招商引资过程中来者不拒，最终污染环境、浪费资源；有的不重规划，什么项目都上，导致同质同构现象严重，特色不突出、竞争优势不明显；有的抓到什么学什么，别人学什么就学什么，最终什么都学不好、学不精。这些问题，反映出一些领导干部抓工作、谋发展不会运用比较思维方法，不能把握事物之间的异同点，缺乏鉴别力，没有选择性。有目标，才会有方向。规划是全面长远的发展计划，是未来行动指南，具有长远性、全局性、战略性和方向性等特点。规划的延展是计划，决定了目标和行动方案。一个优秀的领导干部必然按章法做事，紧盯目标去行动，而不是无头苍蝇四处乱撞。有比较，才会有选择。比选的前提是拥有众多的选项。发现并不断壮大自身的优势，增强自身的吸引力，就能牢牢掌握选择的主动权，做到"有所为有所不为"。同时，优选更需要独到的眼光，要加强学习，培育世界眼光、发展眼光，才能在众多的选项中作出更好抉择。有标准，才会有质量。要以一流标准、赶超气魄，对标先进、争先进位，绝不忽视任何一个细节、绝不放过任何一个疑点，下得真功夫、下得苦功夫、下得严功夫，力求把工作做到精致、细致、极致，做成样板，就算"脱掉一层皮"，也要坚持到底，不断提高推进工作的质量。

十七、眉毛胡子一把抓

领导工作如果平均用力、眉毛胡子一把抓，只见树木、不见森林，往往会抓不住重点、找不到关键。得其大者可以兼其小，时时处处"拎得清"最重要。要时刻关注最重要、最根本的事，坚持两点论和重点论的统一，看问题、办事情既要全面把握，又要善于分清主次、抓住重点、明白缓急。要把好"方向盘"。提高政治站位，胸怀大局、把握大势，顺应民心所向，善于从全局和长远观察、思考和处理问题，在重大决策上发挥关键作用，严防政治观倾斜、群众观偏离、权力观扭曲、政绩观走样。要牵住"牛鼻子"。善于分清主次，既讲两点论，又讲重点论，找准切入点，对重要领域、重要任务、重要试点，更要抓关键主体、关键环节、关键节点，防止拍脑袋决策、拍胸脯表态、拍屁股走人。要学会"弹钢琴"。增强工作的系统性，既突出重点，又统筹谋划，防止畸轻畸重、顾此失彼。通过"点面"结合、"上下"结合，把"千条线"拧成一股"绳"，有效避免"长短腿""缺漏项"的问题。

十八、照葫芦画瓢

这种做法是一种僵化、教条和落后的思维定式，是典型的经验主义、本本主义。当下，有的领导干部，喜欢按部就班、东施效颦、照本宣科，满足于当"收发员""传令兵"，只会照抄照搬；有的不注重吸收借鉴，不会结合实际提出具体措施；有的"歪嘴和尚念歪经"，闹出了不少画虎不成反类犬的笑话。只有坚持实事求是，不因袭、不照搬，结合实际，创造性地开展工作，才能既摹好"葫芦"，又画好"瓢"。吃透上情，了解下情。既要"接天线"，吃透"上情"，真正把上级的精神和要求学深学透，全面准确地把握这些大政方针的根本要义，高屋建瓴地开展工作；又要"接地气"，把握好"下情"，实现上情与下情的融合，为做好工作打下基础，不搞上下一般粗，真正做好"结合"这篇大文章。不唯书、不唯上，只唯实。要从人民的根本利益和客观实际出发贯彻执行上级的指示和决策，善于运用马克思主义的立场、观点和方法，认真研究和解决实际问题，反对机械地照搬照抄，反对盲目地照着书本上的条文去做。因地制宜，大胆创新。改革开放之初，邓小平提出："不争论，大胆地试，大胆地闯。"[1]"摸着石头过河"的著名论断，开辟了中国特色社会主义道路。要敢于突破自我、大胆开拓创新，走出符合自身实际、具有自身特色的发展路子。

十九、竭泽而渔，杀鸡取卵

这种做法是只注重眼前利益、不作长远打算的表现，损害了可持续发展的基础，与新发展理念相悖。时下，有的干部热衷搞不切实际的"大手笔"，让地方负债累累；有的无限透支资源，造成资源枯竭；有的以牺牲环境为代价换取所谓的发展。领导干部必须牢固树立正确政绩观，自觉践行新发展理念，坚持走可持续发展之路，不断增强推动高质量跨越式发展和建设现代化经济体系的本领。要多做打基础、利长远的事。有"功成不必在我"的精神境界和"功成必定有我"的历史担当，既注重为当前发展创造"显绩"，更注重为长远发展创造"潜绩"，多成"不败祖宗业、更为子孙谋"的好事，杜绝"一个人的政绩、几代人的包袱"的败笔。既要尽力而为，又要量力而行。工作要全力以赴、不遗余力，勇于涉险滩、破坚冰、攻堡垒、拔城池，脚踏实地把既定的行动纲领、战略目标、工作蓝图变为现实。同时，又立足本地区实际情况，学会"瞻前顾后"，不过度透支、不过高估量、不急于求成，量体裁衣，按客观规律办事。要把人民满意当作是最大的褒奖。始终把人民放在心中的最高位置，把人民对美好生活的向往作为奋斗目标，抓住人民群众最关心最直接最现实的利益问题，多谋民生之利，多解民生之忧，创造出真正无愧于时代、无愧于人民、无愧于历史的业绩。

---

[1]《邓小平文选》第3卷，人民出版社1993年版，第374页。

二十、"靠山吃山，靠水吃水"

这是农耕时代的发展模式。进入新时代，只会"靠山吃山，靠水吃水"，已经成为思路狭窄的代名词，是缺乏战略眼光、内生动力不足、本领不强的表现。领导干部担负着推动高质量跨越式发展的重任，必须客观分析自身优势和不足，拓宽思路、提高站位、扬长避短，充分发挥比较优势、后发优势，找准符合自身实际的发展路子。观念一新天地宽。要加强对新发展理念的学习，打破条条框框的束缚，跳出自身看自身，防止坐井观天、一叶障目。要拓展思路、大胆尝试，学会"借船出海""借鸡生蛋"，敢于"无中生有"、创造优势，走出一条人无我有、人有我优、人优我特的发展之路。善于把资源优势转变为发展优势。要立足资源禀赋，发挥特色、强化优势，把资源优势变为产业优势、经济优势。要善于调动各方面积极因素为我所用，实现人尽其才、物尽其用。既敢于"出招"，又善于"应招"。要攻坚克难，坚定不移推进改革，打通关节、疏通堵点，使改革精准对接发展所需、基层所盼、民心所向。要强化底线思维，增强忧患意识，积极主动、未雨绸缪，见微知著、防微杜渐，牢牢把握工作主动权，确保改革发展始终在安全稳定环境下推进。

领导决策的六条建议

决策是在充分认识客观规律的基础上，决定策略或办法，并组织实施的全部过程。习近平总书记指出："决策是一个提出问题、分析问题、解决问题的过程。"[①] 领导者往往也是决策者。科学决策是科学执政的基础，也是一项最基本、最频繁、最关键的领导工作。新时代领导干部面临的决策任务更加繁重，能否作出正确的决策，直接关系到党和国家事业的兴衰和成败。作为新时代的领导干部，做好决策工作，必须重点掌握好以下6个方面的观点和思想。

一、决策是领导工作的起点

科学决策是领导工作的追求。领导干部一旦决策失误，整个工作很可能以失败告终。作决策要有明确的目标，有的放矢，让决策思路更开阔，富有远见和创造性；有决断的勇气，敢于担当、当断则断；有民主的作风，调动群众广泛参与，虚心听取群众意见，认真听取专业建议；有创新的精神，敢于另谋新策、发散思维，用别人没用过的招；有战略的远见，高瞻远瞩，统揽全局，察古知今、鉴往知来。

[①] 《谈谈调查研究》，《学习时报》2011年11月22日。

二、领导决策是衡量领导者能力的重要标志

领导的关键在于决策。决策能力是领导者的基本能力，贯穿于领导活动的全过程，并影响着其他领导职能的发挥。领导决策具有战略性、广泛性和层次性的特点，领导决策正确与否以及决策水平的高低，是领导者观察、记忆、思维、预见、决断、监督等各种能力的综合体现。作决策要不断提高政治敏锐性和综合素质，要充分发挥"智囊团"和"外脑"的作用，要用好辩证法，增强"火眼金睛"的识别能力和"多谋善断"的决断能力。

三、决策要慎重，力避方向性错误

决策是执行的前提。领导决策具有不可逆性，方向错误可能就会南辕北辙、造成不可估量的后果。作决策要紧跟中央大政方针和决策部署，正确认识和遵循事物发展的客观规律，坚持以人民为中心的发展思想，树立正确的政绩观，以全局利益得失作为衡量决策是否可行的根本依据，坚决避免决策中的"个人主义""本位主义"。

四、一切背离群众诉求和意志的决策都是没有生命的

民心是最大的政治，人民是我们党执政的最大底气，领导干部科学决策必须坚持以人民为中心。作决策，要深刻理解群众路线所蕴含的思维和工作方法，积极听取人民群众意见，坚持方案从群众中来、办法到群众中找、成效在群众中验，确保决策措施科学有效；要积极推动民主决策制度的建设发展，确保人民群众能够有效参与

到决策中来。

五、充分发扬民主、集思广益是决策的根本方法

习近平总书记强调:"作决策一定要开展可行性研究,多方听取意见,综合评判,科学取舍,使决策符合实际情况。"[①] 要实现决策科学化,必须发扬民主,广开言路,善于倾听,时刻保持谦虚的态度,多深入基层调查研究;与班子成员、上下级拉近相互间的距离,营造"敢言""能言"的氛围;善于总结,及时发现、集中和采纳有参考价值的意见建议,使之成为集体智慧的结晶,确保决策获得人民的广泛参与和支持,让正确的决策能够得到更好的贯彻实施。

六、决策不能朝令夕改、朝三暮四

习近平总书记强调:"做到科学决策,首先要有战略眼光,看得远、想得深。"[②] 为政之道,切忌朝令夕改。作决策要提高战略思维能力,善于把地区和部门的工作融入党和国家事业大棋局,不断增强工作的原则性、系统性、预见性、前瞻性,对布置的每一项任务盯着抓实,对承诺的每一件事情盯着办实,稳中求进,稳扎稳打,积小胜为大胜。

[①] 《年轻干部要提高解决实际问题能力 想干事能干事干成事》,《人民日报》2020 年 10 月 11 日。

[②] 《年轻干部要提高解决实际问题能力 想干事能干事干成事》,《人民日报》2020 年 10 月 11 日。

掌握识人用人真本领

古人云:"贤良之士众,则国家之治厚;贤良之士寡,则国家之治薄。"习近平总书记强调:"我们党历来高度重视选贤任能,始终把选人用人作为关系党和人民事业的关键性、根本性问题来抓。"[①] 用人权是我们党最重要的执政权,识人用人是领导工作最重要的工作之一。读万卷书、行万里路、历万件事、阅人无数,才是有资格担任一定职务的干部。做好新时代领导工作,必须学会辨才识德的科学方法,练就入木三分的识人慧眼,掌握知事识人、知人善任的本领,把党和人民需要的好干部及时发现出来、使用起来。作为新时代的领导干部,掌握用人本领,必须重点掌握好以下7个方面的观点和思想。

一、治国之要,首在用人

党的干部是党和国家事业的中坚力量,精准选用忠诚干净担当、岗位匹配度高的好干部是新时代干部工作的重中之重,是关系党和国家事业成败的关键性、根本性问题。领导干部担负为党和人民事业选贤任能的重要职责,必须练就"伯乐识千里马"的本领,打牢知事识人的基本功,提高干部工作专业化水平,准确把握干部工作规律,精

[①] 《习近平谈治国理政》第 1 卷,外文出版社 2018 年版,第 411 页。

准科学选人用人，做到知人有道、识人有据、选人有法、用人有方。

二、多考虑"该用谁"，而不是"谁该用"

为事择人者治，为人择事者乱。"该用谁"与"谁该用"，体现的是两种截然不同的用人观。习近平总书记强调："要从党和人民事业出发选干部、用干部，坚持事业为上，依事择人、人岗相适，做到事业发展需要什么样的人就用什么样的人，什么样的人最合适就选什么样的人。"① 做好识人用人工作，要把"研究人"和"研究事"结合起来，不搞平衡照顾、论资排辈。既要看干部最擅长干什么，也要看岗位最需要什么，依据岗位要求择优用人，把干部放到最能发挥其优势特长的地方，真正把"好钢用在刀刃上"，做到人岗相适、人事相宜。

三、用准一个人，激活一大片；
　　用错一个人，挫伤一大批

选人用人的风气是党风政风的"晴雨表""风向标"，用一贤人则群贤毕至，见贤思齐就蔚然成风。如果识人不准、用人不当，就会导致"劣币驱逐良币"的逆淘汰现象。习近平总书记指出，"选什么人就是风向标，就有什么样的干部作风，乃至就有什么样的党风"②，"对干部最大的激励是正确用人导向，用好一个人能激励一大

---

① 中共中央党史和文献研究院编：《习近平关于全面从严治党论述摘编》（2021年版），中央文献出版社2021年版，第292—293页。
② 《习近平著作选读》第1卷，人民出版社2023年版，第137页。

片"①。做好识人用人工作，要坚持德才兼备、以德为先、任人唯贤，大力提拔使用忠诚干净担当的好干部，坚决调整处理对党不忠、从政不廉、为官不为的干部，推动形成能者上、优者奖、庸者下、劣者汰的正确导向。

四、有才无德会坏事，有德无才会误事，有德有才干成事

习近平总书记强调，"选干部、用人才既要重品德，也不能忽视才干"②。坚持"德才兼备、以德为先"，始终是我们党选拔任用干部的重要原则和对领导干部一以贯之的要求。做好识人用人工作，要严把政治关、廉洁关、素质能力关，既在小事上察德辨才，更在大事上看德识才，选用政治上过得硬、靠得住，愿干事、真干事、干成事的干部，坚决把政治上、廉洁上有问题的人挡在门外，把素质能力不适应的干部调整下来。

五、英雄不问出处，量才授职，唯才是举

量才授职，则政成事举。把人用好用到位，关键是要知人之长、知人之短，知人长中之短、短中之长，从而把合适的人放到合适的岗位上，做到因才适用、用其所长、尽显其才、才尽其用。做好识人用人工作，要有辩证的眼光，加强综合研判，既要听其言，又要观其行，既要看优点，又要看缺点；既要看现状，又要看潜力；不

---

① 《习近平著作选读》第 1 卷，人民出版社 2023 年版，第 281 页。
② 《习近平谈治国理政》第 4 卷，外文出版社 2022 年版，第 505 页。

唯地域、民族、学历，不唯 GDP、不唯票、不唯分、不唯年龄选人用人，不能仅限于一事一物、简单化、一刀切。

六、在基层一线、关键重要岗位"墩苗"培养锻炼干部

温室里养不出万年松，庭院里跑不出千里马。人在事上练，刀在石上磨。火热的实践是最好的课堂。培养锻炼干部，要优化成长路径，坚持基层和实践导向，把品质好、有潜力的干部放到改革发展的主战场、维护稳定的第一线、服务群众的最前沿去砥砺，放到吃劲岗位、重要岗位去磨炼，在难事急事乃至"热锅上蚂蚁"一样的经历中经受摔打，通过真刀真枪锤炼提高解决实际问题的能力，培养斗争精神、增强斗争本领，防止镀金式、呵护式培养。

七、坚持严管和厚爱相结合、激励和约束并重

习近平总书记强调："严管不是把干部管死，不是把干部队伍搞成一潭死水、暮气沉沉，而是要激励干部增强干事创业的精气神。"[1] 从严管理出战斗力，关心关爱出凝聚力。"宽以济猛，猛以济宽，政是以和。"用好干部，要科学把握选与管、严与爱的辩证法，树牢"严是爱，松是害"的理念。既从严从实管思想、管工作、管作风、管纪律，又从政治上激励、工作上支持、待遇上保障、心理上关怀，激励广大干部在新时代新征程中展现新担当新作为。

---

[1] 中共中央党史和文献研究院编：《习近平关于全面从严治党论述摘编》（2021 年版），中央文献出版社 2021 年版，第 294 页。

抓落实应在八个方面下功夫

习近平总书记曾指出,"抓落实是领导工作中一个极为重要的环节,是党的思想路线和群众路线的根本要求"[①]。抓落实也是领导干部的重要职责和基本素质,是我们党执政能力的重要展现,千招万招,不能落实就是空招;千忙万忙,不抓落实就是瞎忙。新时代的领导干部,既要带领大家一起定好盘子、理清路子、开对方子,又要做到重要任务亲自部署、关键环节亲自把关、落实情况亲自督查,确保各项工作扎实推进、顺利实现、卓有成效。

一、空谈误国,实干兴邦

成功缘于实干,祸患始于空谈。习近平总书记多次强调,"要把抓落实作为开展工作的主要方式,动脑子、想办法,拿出真招实招来,切实把党中央决策部署的各项任务一项一项抓好"[②]。如果只说不做,再好的思路也是海市蜃楼、镜花水月。抓工作落实,要坚定实干的态度,保持实干的姿态,笃定逢山开路、遇水架桥的决

---

① 中共中央文献研究室编:《十七大以来重要文献选编》(下),中央文献出版社2013年版,第196页。

② 中共中央党史和文献研究院编:《习近平关于力戒形式主义官僚主义重要论述选编》,中央文献出版社2020年版,第135页。

心，以滚石上山、爬坡过坎的意志，披荆斩棘、所向披靡，坚决杜绝表态多调门高、行动少落实差，切实在重实践真实干见实效上下"脚力"，将发展的痛点、难点、堵点变成工作的亮点、特点、闪光点。

二、千条万条，不抓落实就是白条

抓落实，本质是解决问题，不解决问题的落实是做表面文章、搞"假把式"、做无用功。党和国家的各项方针政策能不能在改革发展实践中取得实效，领导干部抓落实是关键。天下大事必作于细，天下难事必作于实。要牢固树立抓落实的理念，把抓落实当作一种政治责任、一种思想境界、一种工作习惯，真正从思想意识上做到自觉主动抓落实、心甘情愿抓落实。

三、抓落实必须牢固树立宗旨意识和正确政绩观

"民惟邦本，本固邦宁。"让人民群众过上好日子，是我们一切工作的出发点、落脚点。习近平总书记指出："我们党没有自己特殊的利益，党在任何时候都把群众利益放在第一位。"[1] 抓工作落实，要以人民群众满意不满意作为衡量工作的最好标准，把宗旨意识体现在真抓实干中，把正确政绩观贯穿在干事创业里，用真真切切的行动为群众带来看得见摸得着的实惠。

---

[1]《习近平谈治国理政》第4卷，外文出版社2022年版，第53页。

四、提高两级想问题，靠前一级抓落实

提高两级想问题是站在更高层次"抬头看"，是仰望星空、是方向问题；靠前一级抓落实是挂帅又出征的"低头干"，是脚踏实地、是方法问题，抓落实应该将正确的目标方向与实干严谨的工作作风结合起来。抓工作落实，要在工作中树立战略眼光和战略思维，善于从局部入手、从当前下手，研究和解决具体实际问题，在实践中实现从"干事者"到"谋事者"、从"谋事者"到"干事者"的相互转变。

五、把高标准树立起来，把严要求落实下去

标准决定质量，只有高标准才有高质量。标准是尺子、是准绳，任何工作要取得实效，就要高标准启动、严要求推进、高质量落实。抓工作落实，必须不折不扣地遵照执行党和国家的法规制度，坚决杜绝学习实践浅尝辄止、调查研究走马观花、检视问题避重就轻、整改落实虎头蛇尾等形式主义、官僚主义问题，坚持追求卓越的理念，高标准、严要求，做到专门化专业化精细化。

六、下足"绣花功夫"抓落实，切忌"花拳绣腿"

绣花既要整体构思，也要针针精准。抓落实就要拿出"绣花功夫"，必须谋定而后动，下准针、过准线，久久为功，对标对表抓出成效，忌"花拳绣腿"、光喊口号不行动。抓工作落实，要学会从大处着眼、小处入手，科学谋划、精准施策，抓小抓细抓实，针针扎

到关键处，招招治到问题上，一个目标一个目标完成，一个问题一个问题解决，一件任务一件任务落实，不贪一时之功，不图一时之名，踏石留印、抓铁有痕、一抓到底。

七、不当"传声筒"，不做"复读机"，做好结合的文章

"人与人不同，花有百样红"，一地一域有自己特点优势、资源禀赋、工作基础，这就要求领导干部在抓落实时要善于结合。抓工作落实，要破除"本本"主义、拿来主义，避免"闭门造车""盲人摸象"；要进一步解放思想、实事求是、深入调研，把全局装在心中，把工作落到实处；要吃透上情掌握下情，做好上下结合；要善于取人之长为我所用，做好左右结合；要坚持继承创新，做好前后结合。

八、努力只能把事情做完，用心才能把事情做好

世上无难事，只怕有心人。用心是一种责任、一种境界、一种精益求精的精神和执着追求的品格，更多的是对工作的投入、专注与痴迷。抓工作落实，不仅要有勤勉尽责的努力态度，也要发扬"安专迷"精神，凝心聚力、精益求精、追求极致，坚定"功成必定有我"的信心，保持"越是艰难越向前"的恒心，以"咬定青山不放松"的耐心和"不破楼兰终不还"的决心，抓具体、具体抓，抓反复、反复抓，不放过一个细节、不心存一丝侥幸，将工作和事情做得尽善尽美。

基层工作五法

基层工作事无巨细，处于落实上级党委和政府工作部署的第一线，条件艰苦，任务繁重。基层干部要适应角色、融入工作、促进发展，特别需要加强学习教育。通过学习，除了掌握党的基本理论、基本路线、基本纲领、基本经验外，还要掌握做好基层工作的方法。

一、岗位就是责任

岗位、职务就是责任，责任就要担当。人生在世其实都是活在责任之中。在家中，身份就是责任和义务，父母有父母的责任，子女有子女的义务，如果谁不尽到责任、不履行义务就会被人耻笑为不懂规矩、不守孝道。同样，作为基层干部，担任什么样的职务、处于什么样的岗位就要尽相应的责任。也只有责任，才能使一个人坚持。基层干部，履职尽责要做到"三有"。一是要有认识。要认识到岗位意味着权力，权力其实就是责任。习近平总书记曾指出，"权力不是一种荣耀，而是一副担子，意味着领导责任"[1]。领导干部要敢于负责，善于负责，做到守土有责，坚持对上负责与对下负责的

---

[1] 习近平：《干在实处　走在前列——推进浙江新发展的思考与实践》，中共中央党校出版社2006年版，第419页。

一致性。只有认识到我们的岗位、权力是党和人民赋予的，把对党负责和为民奉献作为根本的行为准则和基本的政治素质，才能有更高的追求、更严的要求；只有认识到履职就要尽责，尽责就要坚守，才会有使命感、庄严感，不把责任当玩耍，以踏石留印、抓铁有痕的精神把工作抓出成效。二是要有血性。做人要有做人的样子，做官要有做官的形象。基层干部也要这样。既然组织和人民把我们放到了这个岗位，我们一定要认真负责，把"认真"作为自我提高的一条重要原则，发挥积极性、提振精气神，干事创业、奋发有为，进入良好的工作状态。不辜负组织，不愧对人民，不耽误事业，更不能让老百姓戳我们的脊梁骨。三是要有担当。岗位就是责任，最终落脚点在于担当。习近平总书记强调："干部就要有担当，有多大担当才能干多大事业，尽多大责任才会有多大成就。不能只想当官不想干事，只想揽权不想担责，只想出彩不想出力。"[①]要拎着"乌纱帽"为民干事，而不能捂着"乌纱帽"为己做"官"。不能干一年、两年、三年还是涛声依旧，发展面貌没有变化，每年都是重复昨天的故事。对定下来的工作部署，就一定要一抓到底，善始善终、善作善成。

二、新官要理旧账

多年来，在一些地方特别是班子换届交替更迭过程中，不同程度地存在"新官不理旧账"的问题，在群众中造成了不良影响。存在"新官不理旧账"问题的原因，除了怕事不敢理、懒政不想理、平庸不能理、为私不去理外，根本原因在于政绩观出了问题。所以，我们要牢固树立"新官要理旧账"的正确政绩观。一是要有一个正

[①] 《习近平著作选读》第1卷，人民出版社2023年版，第339页。

确的姿态,把权力、问题一起接班。运动平衡是事物发展的规律。一个地方的发展是一个长期的积累过程,这个积累既有成功的经验,也有失败的教训。我们接这个班、接这个权,就是要把所有的东西都接下,包括债权债务,这才符合规律。共产党的干部,有一个密切联系群众、全心全意为人民服务的优良传统,更要有一个不怕难、不怕乱的正确姿态去迎接任务、解决问题,正所谓"为官避事平生耻"。二是要按照原则性和灵活性相结合的原则,坚持一张蓝图绘到底。实践不断发展,看准了不适应的发展思路要及时调整和完善,但绝不能为了所谓"政绩",换一届班子、上一任领导就"兜底翻",另搞一套。我们一定要注意防"忽悠"、反"忽悠"。我们只有继承过去的好思路、好经验、好做法,把一张好的蓝图绘到底,才能做出经得起历史、实践和群众检验的政绩。否则,就是瞎折腾,真正的不负责任。我们要有"革命理想高于天"的信念,坚定干事创业的信心;要有"功成不必在我"的境界,做到"前人栽树后人乘凉";要有"敢啃硬骨头"的勇气,想方设法闯出一片新天地;要有钉钉子精神,一步一个脚印走到底。三是要坚持以问题为导向,积极主动有作为。从某种角度讲,当领导就得发现问题、正视问题、研究问题、解决问题。对于历史遗留问题的处理,要注意深入调查研究,并且在调研中用历史的眼光去认真审视问题,善于发现问题;要把问题当作一个"好东西",不怕多不怕乱不怕麻烦,敢于直面所有问题;要把问题解决在萌芽状态,勇往直前,及时研究问题;最终要一靠能力提升、二靠组织帮助,彻底解决问题。

三、用情用力用心去履职

大家都知道,基层位于党的工作前沿,是党同人民群众紧密联系的桥梁和纽带。基层干部履行服务群众、推动发展职责好坏,事关作风问题,是检验党群关系的试金石。基层党组织如何发挥战斗堡垒作用、基层党员干部如何发挥先锋模范作用?我想根本还是要回到原点。原点是什么?原点就是"初心",就是要永远遵循入党誓词、永远保持对人民的赤子之心,认真践行全心全意为人民服务的宗旨,切实加强基层党组织和村委会建设,把"用情用力用心去履职"作为一个方法、一把尺子,用以检验和丈量我们对人民群众的感情。所谓用情,就是对人民有感情、有情义,只有自觉做到心中有民、心中有责,才能履好职,这是履职的基础。所谓用力,就是尽最大的努力去推进和完成职责范围内的各项工作,不懈怠、不推诿、不拖沓,在落实上下功夫、见成效。所谓用心,就是夙夜在公,心里时常研究和琢磨工作,想群众之所想、急群众之所急,用情去关心群众,把党和政府的温暖传递给群众,把群众的心声反映给党和政府,做一个送人玫瑰、手留余香的人,做一个把关心群众当作幸福的人。

四、团结共事是大本事

习近平总书记曾强调:"懂团结是真聪明,会团结是真本领。"[1]团结很重要,但团结也比较难,团结共事更难。哪怕是村级,从书记到主任,再到"几大员",这也是一大班人。书记、主任除了必须处理好相互之间的关系外,还得处理好与班子成员之间的关系,确实不容易。我们不仅要明白"团结共事是大本事"的道理,更要

---

[1] 习近平:《干在实处 走在前列——推进浙江新发展的思考与实践》,中共中央党校出版社2006年版,第552页。

掌握团结共事的方法。一是要靠原则团结。坚持党的领导，这是一条最根本的原则，在村级，主要体现为坚持党总支的核心领导地位；同时，要依法办事，村委会主任依法由村民选举产生，负责行政工作。还要严格坚持党的民主集中制，坚持"三重一大"集体决策制度，善于听取别人的意见，最终少数要服从多数。二是要靠补台团结。同心山成玉，协力土变金。互相补台，好戏连台；互相拆台，一起垮台。基层是一个整体，领导班子是一个集体，团结协作、善于补台不只是一种工作方法，更是一种品行操守、一种胸怀胸襟。要做到分工不分家，既要增强个人单兵作战能力，也要提高团队的整体作战水平，发挥 1+1>2 的效果。善于补台，不是说毫无主见地盲从，更重要的是发现问题和不足，大胆提出意见，修正决策，完善工作。三是要靠感情团结。同事之间的感情主要体现为尊重。这是相互信任的基础，是团结共事的前提。具体而言就是遇事多沟通、多商量。讲感情要有是非观念、立场标准，不要随意受人挑唆；要有宽容之心，容忍别人的性格、短处、能力；要有仁厚品德，有意见当面提，不在背后搞小动作；要能换位思考，将心比心、以心换心，多为对方着想。要把团结共事当作一种缘分，一起共事要愉快不要痛苦、要团结不要别扭、要干事不要坏事。

五、侥幸是不幸的开始

党的十八大以来，以习近平同志为核心的党中央以"零容忍"的态度开展反腐败斗争，"老虎""苍蝇"一起打，赢得了党员干部和人民群众的拥护。但也有部分干部包括基层干部，心存侥幸，不学党规党纪，不知法律法规，无视规矩，不讲纪律，毫无戒惧，在反腐高压状态下仍不收敛不收手，甚至变本加厉，最终难逃党纪国法的严惩。无数腐败案例证明，侥幸是不幸的开始，这是一条基本规律；不侥幸，这是必须时刻牢记和坚守的理念和原则。一是要有敬畏之心。习近平总书记强调："领导干部要心存敬畏，不要心存侥幸。"[1]要敬畏组织，牢记宗旨，铭记誓言，严遵党章党纪，对党忠诚；敬畏群众，对群众负责，为群众谋利，受群众监督；敬畏法纪，自觉维护党纪国法的权威，坚持依法依纪办事、廉洁从政；敬畏责任，时刻不忘肩负的使命，干事创业、有位有为。二是要克服人性的弱点。懒惰、任性、嫉妒都是人类的本性和弱点。懒惰反映在干部身上就是懒政，就是"为官不为"。要不懒政，就要勤政务实，勤奋工作，推动发展。任性，就是由着自己的性子来，有的人有钱就任性，有权更任性，不遵守政治纪律和政治规矩。不任性，就是要增强纪律意识、他律意识、自律意识，守纪律、讲规矩，相信自律永远胜于他律，勤于自省，慎权慎独、慎微慎友，做人做事"不出格"。嫉妒，就是看不得别人好，笑别人无，恨别人有。不嫉妒就是要为别人的进步喝彩，见贤能思齐，虚心向别人学习，善于借鉴别人经验，不断进行自我提高、自我超越。三是要有自保意识。要自保，就必须自重。最根本的就是要加强学习，增强法纪观念。要学党规党纪，学法律法规，要知道党纪严于国法，公权绝不私用，增强戒惧之心、放弃侥幸之念。要守住道德底线、不越法纪红线，谦虚谨慎、艰苦奋斗，严以律己、清正廉洁，清者自清、浊者自浊。

---

[1] 中共中央纪律检查委员会、中共中央文献研究室编：《习近平关于严明党的纪律和规矩论述摘编》，中国方正出版社、中央文献出版社 2016 年版，第 76 页。

后 记

这本书是围绕"当干部就得本领高强"这一主题展开论述的。书中难免挂一漏万,难免存在不妥的地方,敬请批评指正。

从政之道既是一个理论问题,更是一个实践问题,见仁见智,最终都得靠自身去悟,且永无止境。

本书的顺利出版,要感谢中共中央党校出版社的大力支持和帮助!

晓 山

2024 年 8 月